新时代高校辅导员队伍
高质量建设与素质评价研究

王红梅 著

九州出版社
JIUZHOUPRESS

图书在版编目（CIP）数据

新时代高校辅导员队伍高质量建设与素质评价研究 /
王红梅著. -- 北京 ：九州出版社，2024.6. -- ISBN
978-7-5225-3048-2

Ⅰ. G645.1

中国国家版本馆CIP数据核字第2024ZE5865号

新时代高校辅导员队伍高质量建设与素质评价研究

作　　者	王红梅　著
责任编辑	沧　桑
出版发行	九州出版社
地　　址	北京市西城区阜外大街甲 35 号（100037）
发行电话	(010)68992190/3/5/6
网　　址	www.jiuzhoupress.com
印　　刷	河北昌联印刷有限公司
开　　本	710 毫米 ×1000 毫米　16 开
印　　张	11.25
字　　数	250千字
版　　次	2024 年 6 月第 1 版
印　　次	2024 年 6 月第 1 次印刷
书　　号	ISBN 978-7-5225-3048-2
定　　价	85.00 元

前　言

随着中国社会的不断发展和高等教育的普及，高校辅导员作为学生思想政治工作和生涯发展的关键力量，其职责和使命也变得更为重要而复杂。新时代对高校辅导员队伍的建设提出了更高的要求，既需要具备扎实的专业素养，又要拥有广泛的知识面和卓越的人际沟通能力。本研究旨在深入探讨新时代高校辅导员队伍的高质量建设与素质评价，为培养更为优秀的辅导员队伍提供理论指导和实践经验，促进高等教育质量的提升。

高校辅导员不仅要关注学生的学业发展，更需要关注其全面发展，包括心理健康、职业规划、社会实践等方面。这对高校辅导员队伍提出了更高的要求，要求其具备综合素养，更好地适应学生个性化、多元化的需求。同时，教育环境的变革和社会对人才培养的新需求，也使得高校辅导员队伍面临着新的挑战。

高校辅导员队伍的高质量建设需要明确理念和路径。我们将深入研究新时代高校辅导员的角色定位、工作任务，并探讨其在学科知识、职业技能、人际沟通等方面的专业素养。同时，强调培养辅导员的责任心、团队协作能力、创新能力等综合素质，以确保其能够胜任复杂多变的教育工作。

希望本书能够成为高校辅导员队伍建设领域的重要参考，为推动高等教育事业的健康发展贡献力量。最终，我们期许通过我们的努力，中国高校的辅导员队伍能够在新时代更好地发挥其在学生成长过程中的关键作用，助力培养更加优秀、全面发展的人才。

目　录

第一章　新时代高校辅导员队伍建设的理论基础

第一节　新时代高校辅导员的新角色与新职责

一、新时代辅导员角色的演变与定位

随着社会的不断发展和教育理念的不断更新，辅导员的角色在新时代发生了深刻的变化。传统上，辅导员主要承担学生的心理辅导和职业规划的责任，然而，在当今社会，新的需求和挑战使得辅导员的工作变得更为多元化和复杂化。本书将探讨新时代辅导员角色的演变与定位，分析其在教育体系中的重要性，并探讨应对新时代挑战的策略。

（一）传统辅导员的角色

在过去的几十年里，辅导员以心理健康和职业规划为主要工作内容。他们负责解决学生在学业和生活中遇到的问题，提供情感支持，并协助学生规划未来的职业发展[①]。这一传统的辅导员角色在一定程度上满足了学生的基本需求，但随着社会的变革和学生需求的多元化，这种传统模式显得有些单一和滞后。

（二）新时代背景下的挑战

随着社会的多元化发展，学生群体的特点也日益多样化。不同文化、背景和价值观的学生共同存在于校园中，传统辅导员难以满足所有学生的需求，因此需要更具包容性和多元化的辅导员角色。新时代对人才的要求更加多元，不再仅仅强调学科知识，还注重综合素养和创新能力。辅导员需要更好地了解职场需求，为学生提供更贴近实际的职业指导和培训。随着社会竞争的加剧，学生面临的心理压力也在不断增加。新时代辅导员需要更专业地处理学生的心理健康问题，提供有效的心理辅导服务。

---

① 郑利群. 高校辅导员队伍素质能力提升策略研究 [M]. 秦皇岛：燕山大学出版社，2022：72.

（三）新时代辅导员的角色演变

新时代辅导员需要从单一的心理辅导者演变为综合素质培养者。他们应该注重学生的全面发展，包括但不限于学科知识、社交技能、创新能力等方面。通过组织各类培训和活动，促使学生在不同方面都能取得进步[①]。

随着职场的变化，新时代辅导员应成为学生职业规划的重要导师。他们需要更深入地了解不同行业的需求，为学生提供个性化的职业规划建议，并通过实习、实训等方式帮助学生提升职场竞争力。针对学生心理健康问题的增多，新时代辅导员应具备更专业的心理健康知识和技能。他们可以与心理医生、社会工作者等专业人员合作，提供更全面的心理健康服务，帮助学生更好地应对压力和挑战。

面对社会多元化的挑战，新时代辅导员需要成为学校和社会之间的桥梁。他们可以组织多元文化交流活动，促进不同背景学生的交流与合作，创造一个包容和谐的校园环境。

（四）新时代辅导员的定位

在新时代，辅导员的定位不仅仅是学生的心理导师，更是整个教育体系中不可或缺的一部分。他们通过对学生全面素质的培养，为学校培养更具综合素养的人才贡献力量。新时代辅导员需要与学生的家庭保持密切联系，共同关注学生的成长。通过与家长的合作，辅导员可以更好地了解学生的家庭背景和特点，提供更有针对性的帮助。

辅导员应积极对接社会资源，建立与企业、社区等的合作关系。通过与外部资源的合作，辅导员可以为学生提供更广阔的发展平台，增加他们的社会竞争力。

（五）应对策略

为了更好地适应新时代的辅导员角色，培训和提升成为关键。学校和相关机构可以组织各类培训课程，包括心理健康知识、职业规划技能、跨文化沟通等方面，以提高辅导员的专业水平。新时代辅导员可以与学校领导一同建立多层次的辅导服务体系，包括普通辅导、重点群体辅导（如留学生、贫困生等）、紧急干预等。通过分工合作，实现更有效的辅导工作。

利用现代科技手段，如在线辅导平台、虚拟实境技术等，拓展辅导的服务范围。这不仅可以扩大辅导的覆盖面，还能够更好地满足学生对便捷服务的需求。新时代辅导员应加强与其他专业人员的协作，包括与教师、医务人员、企业导师等的紧密合作。通过跨学科的团队合作，更好地整合各类资源，为学生提供全方位的支持。

建立完善的学生档案系统，记录学生的学业、职业规划、心理健康等方面的信息。通

① 柏杨．改革开放以来高校辅导员队伍建设研究［M］．成都：西南交通大学出版社，2018:63.

过对学生档案的分析，辅导员可以更准确地了解学生的需求，提供更个性化的服务。

新时代辅导员的角色演变与定位是一个紧密联系于社会、教育发展的过程。在社会多元化、职场需求变化、心理健康问题增多的背景下，辅导员需要适应新的要求，不断拓展自身的专业领域，更好地服务学生的全面发展。通过建立多层次的服务体系、加强团队协作、引入科技手段等措施，新时代辅导员可以更好地发挥自身作用，为培养具有综合素质的人才做出积极贡献。辅导员的角色不仅仅局限于校园，更是与家庭、社会密切相关，他们的工作将成为教育体系中不可或缺的一环。在新的时代背景下，辅导员的使命是引导学生成长，助力他们在多元化、复杂化的社会中取得成功。

二、新职责下辅导员的核心任务

随着社会的不断发展和教育理念的更新，辅导员的角色面临着新的挑战和机遇。新时代下，辅导员的职责不再局限于传统的心理辅导和职业规划，而是更加多元化和复杂化。本书将探讨新职责下辅导员的核心任务，深入剖析其在培养学生全面素质、解决心理健康问题、促进职业发展等方面的关键任务。

（一）全面素质培养

辅导员需要关注学生的学科学习情况，提供学科知识的辅导和指导。通过了解学生在各学科的兴趣和优势，制订个性化的学科发展计划，促进学生在学术方面的全面发展。辅导员应关注学生的综合素养，包括创新能力、沟通能力、团队协作等。通过组织各类培训和活动，培养学生的领导力和综合素质，使其更好地适应未来社会的需求[1]。

针对社会多元化的挑战，辅导员需要帮助学生发展跨文化沟通的能力。通过国际交流项目、多元文化活动等方式，促使学生更好地融入多元文化环境，提升跨文化沟通技能。

（二）心理健康问题解决

辅导员在新时代的核心任务之一是进行心理健康教育。通过课程、讲座、宣传活动等形式，提高学生对心理健康的认知，帮助他们了解并应对各类心理压力。针对学生心理健康问题，辅导员需要提供专业的心理辅导服务。建立心理咨询室、举办心理辅导活动，为学生提供安全、私密的心理支持，及时干预和解决心理健康问题。

辅导员可以建立学生心理健康档案，记录学生的心理健康状况和问题，实施个性化的干预和辅导计划。通过定期的档案更新和评估，帮助学生建立健康的心理状态[2]。

---

① 毛建平．"互联网+"时代高校辅导员队伍建设研究［M］．天津：天津科学技术出版社，2017：82．
② 贝静红．高校辅导员队伍专业化发展研究［M］．武汉：武汉大学出版社，2016：99．

（三）职业发展指导

辅导员需要成为学生职业规划的重要导师。通过深入了解各行业的需求、职业发展趋势，为学生提供个性化的职业规划指导。帮助学生明确职业目标，制订发展计划。为了更好地帮助学生融入职场，辅导员可以组织实习和实训项目。与企业合作，提供实际工作机会，让学生在实践中锻炼自己的专业技能和实际应用能力。

辅导员的任务还包括提供就业服务，协助学生顺利就业。可以组织招聘会、提供职业技能培训，建立与企业的合作关系，为学生提供更广泛的职业发展渠道。

（四）社会融合与家校合作

辅导员需要与社会资源进行更紧密的整合，建立校企合作、校社合作等渠道。通过引入外部资源，为学生提供更广阔的发展平台，提高他们的社会竞争力。与学生的家庭保持密切联系，了解学生的家庭背景和特点。通过家访、家长会等方式，建立家校沟通机制，共同关注学生的成长和发展。

辅导员可以组织学生参与各类社会服务活动，培养学生的社会责任感和公益意识。通过参与社会服务，学生能够更好地融入社会，锻炼实际操作能力。

（五）科技手段的应用

利用现代科技手段建立在线辅导平台，为学生提供更便捷、实时的辅导服务。通过在线咨询、网络培训等方式，满足学生多样化的学习需求。引入虚拟实境技术，为学生提供更真实的职业体验。通过虚拟实境，学生可以模拟实际工作场景，更好地了解自己的兴趣和适应性。

利用大数据分析技术，建立学生档案管理系统。通过对学生的学业成绩、职业发展计划、心理健康档案等数据的分析，辅导员可以更准确地把握学生的整体情况，为提供更个性化的服务提供支持。建设电子资源库，集中整理和管理各类有关学科知识、职业发展、心理健康等方面的电子资源。通过电子资源的共享，提高学生获取信息的效率和便捷性。

（六）团队协作与专业发展

在面对多元化需求的新时代，辅导员需要与其他专业人员形成跨学科的团队合作。与教师、医务人员、职业规划师等形成合作机制，共同为学生提供全方位的支持。为了更好地适应新职责，辅导员需要不断进行专业培训。参加各类研讨会、培训课程，更新自己的知识和技能，保持与时俱进。

辅导员之间应该加强经验分享和合作研究。通过定期的座谈会、研讨会等形式，分享工作中的好经验和方法，共同解决遇到的问题。

（七）公共关系与影响力

辅导员可以积极参与校园文化建设，通过组织丰富多彩的文体活动、主题讲座等，增强学生的校园归属感，促进校园文化的繁荣发展。在校园内，辅导员应具备一定的舆论引导和宣传能力。通过撰写文章、发布校园公告、利用社交媒体等方式，传递积极正能量，引导学生形成健康的心态。

辅导员的工作不仅仅局限于校园，更应该具备一定的社会影响力。通过积极参与社会服务活动、发表专业观点等方式，提高辅导员在社会上的认可度和影响力。在新时代下，辅导员的核心任务涵盖了全面素质培养、心理健康问题解决、职业发展指导、社会融合与家校合作、科技手段的应用、团队协作与专业发展、公共关系与影响力等方面。辅导员不仅需要关注学生的学科知识，更要全方位地促进学生的身心健康和综合素质的提升。同时，辅导员还需要与社会、家庭、团队等多方面建立紧密合作，通过科技手段提高服务效率，提高自身的专业水平和社会影响力。只有通过多方面的努力，辅导员才能更好地履行新时代下的使命，为培养具有创新能力、综合素质的人才做出积极贡献。

三、辅导员在学生综合素质发展中的作用

学生综合素质的发展是教育工作的重要目标之一，而辅导员作为学校教育体系中的关键角色，承担着重要的使命。在学生的成长过程中，辅导员不仅仅是心理辅导者和职业规划师，更是全面素质发展的引导者和推动者。本书将深入探讨辅导员在学生综合素质发展中的作用，包括学科知识、综合素养、职业发展、心理健康等方面，以期更好地理解和挖掘辅导员的潜力和责任。

（一）引导学科知识的全面发展

辅导员在学科知识方面的作用首先体现在学科导航和规划上。通过了解学生的兴趣、优势和发展方向，辅导员可以为学生制定个性化的学科学习规划，引导其在特定领域进行更深入的学科发展。针对学生在某一学科的困难或兴趣的加深，辅导员可以提供专业的学科辅导和引导。同时，通过组织补充教育活动、参观实践等方式，拓展学生在各学科领域的知识面[①]。

在新时代，学科之间的交叉与整合越发重要。辅导员可以引导学生跨学科学习，培养综合运用不同学科知识的能力，提高学生的综合素质。

---

① 贝静红．高校辅导员队伍专业化发展研究［M］．武汉：武汉大学出版社，2016：33.

（二）促进综合素养的培养

辅导员在培养学生综合素养方面的重要任务之一是培养创新能力。通过组织创新项目、科技竞赛等活动，引导学生在实际中运用所学知识，培养解决问题和创新思维的能力。在社会中，沟通与团队协作是不可或缺的素养。辅导员可以通过团队项目、小组讨论等方式，培养学生良好的沟通能力和团队协作精神。引导学生树立社会责任感是培养综合素养的重要方面。通过参与社会服务活动、志愿者工作等，辅导员可以激发学生的社会责任感，培养他们为社会做出贡献的意识。

（三）助力职业发展的指导者

辅导员在学生职业发展中的角色是不可替代的。通过与学生的深入交流，了解他们的兴趣、爱好、特长等，辅导员可以为学生提供个性化的职业规划建议，帮助他们明确职业目标。提供实习与实践机会是辅导员助力学生职业发展的有效途径。与企业、社会机构合作，为学生搭建实践平台，让他们在实际工作中积累经验，提高职业素质。

辅导员可以建立与用人单位的合作关系，为学生提供就业信息、招聘会、职业培训等服务。通过整合校内外资源，提高学生的就业竞争力。

（四）心理健康问题的关注者与支持者

辅导员在学生心理健康方面的作用不仅仅是提供心理辅导，更包括进行心理健康教育。通过课程、讲座等形式，提高学生对心理健康问题的认识，培养他们的心理健康意识。

学生在面对学业压力、人际关系等问题时，辅导员可以提供专业的心理辅导和支持。通过开设心理咨询服务、组织心理健康活动，辅导员助力学生解决心理困扰，保持良好的心理状态。面对紧急的心理健康问题，辅导员需要具备危机干预的能力。及时发现学生的心理困扰，采取有效的措施进行干预，防止问题进一步恶化。

（五）社会融合者与家校合作的推动者

辅导员作为学校与社会之间的桥梁，应积极整合社会资源，搭建学校与社会之间的合作平台。与企业、社区、非营利组织等建立合作关系，为学生提供更多的社会资源和实践机会，促进他们更好地融入社会。与家庭的密切合作对学生综合素质的发展至关重要。辅导员可以通过定期的家长会、家庭访问等方式，与家长保持沟通，了解学生在家庭环境中的情况，共同关注学生的成长与发展。

通过组织学生参与社会服务活动，辅导员帮助学生更好地理解社会，培养他们的社会责任感和公民意识。这样的活动也为学生提供了实践锻炼的机会，增强了他们的综合素质。

（六）科技手段的应用者

随着科技的发展，辅导员可以借助在线辅导平台为学生提供更便捷的服务。通过在线咨询、远程辅导等方式，满足学生在学业、职业规划、心理健康等方面的需求，实现更广泛的服务范围。利用虚拟实境技术，辅导员可以创造更真实的职业体验环境。通过虚拟实境，学生可以模拟实际工作场景，更好地了解职业特点，提高职业适应能力。借助大数据分析技术，辅导员可以更好地管理学生档案，分析学生的学业、职业规划、心理健康等方面的数据。通过数据分析，为学生提供更精准的个性化服务。

（七）团队协作与专业发展的践行者

在面对学生多元需求的新时代，辅导员需要与其他专业人员形成跨学科的团队合作。与教师、医务人员、职业规划师等形成合作机制，共同为学生提供全方位的支持。为了更好地适应新时代的需求，辅导员需要不断进行专业发展培训。参加各类研讨会、培训课程，更新自己的知识和技能，保持与时俱进。辅导员之间应该加强经验分享和合作研究。通过定期的座谈会、研讨会等形式，分享工作中的好经验和方法，共同解决遇到的问题。

（八）公共关系与影响力的建构者

辅导员可以积极参与校园文化建设，通过组织丰富多彩的文体活动、主题讲座等，增强学生的校园归属感，促进校园文化的繁荣发展。在校园内，辅导员应具备一定的舆论引导和宣传能力。通过撰写文章、发布校园公告、利用社交媒体等方式，传递积极正能量，引导学生形成健康的心态。

辅导员的工作不仅仅局限于校园，更应该具备一定的社会影响力。通过积极参与社会服务活动、发表专业观点等方式，提高辅导员在社会上的认可度和影响力。

在学生综合素质发展中，辅导员扮演着多重角色，包括学科导航者、综合素养的培养者、职业发展的指导者、心理健康问题的关注者、社会融合者与家校合作的推动者、科技手段的应用者、团队协作与专业发展的践行者以及公共关系与影响力的建构者。辅导员通过全方位的服务，助力学生在学业、职业、心理健康等方面实现全面发展，为培养具有综合素质的人才提供了重要的支持与引导。在新时代，辅导员需要不断适应社会的发展变化，不断提升自身的专业水平，以更好地发挥其在学生综合素质发展中的关键作用。

第二节 辅导员队伍的专业化与新型专业发展

一、专业化发展的概念与特征

随着社会的不断发展，专业化已经成为现代社会中一个不可忽视的趋势。在各行各业，专业化的发展都呈现出日益明显的特征。本书将深入探讨专业化发展的概念与特征，分析其在不同领域中的体现，以期更好地理解专业化对社会、组织和个体的影响。

（一）专业化发展的概念

专业化是指在特定领域内，个体、组织或社会逐渐形成专业化的结构、制度、知识和能力，使其能够更有效地应对复杂的任务和需求。专业化通常表现为对知识的深度掌握、对技能的高效运用、对职责的明确划分，以及对专业标准的遵循[①]。专业化的发展与社会的分工与复杂性密切相关。随着社会的不断发展和技术的进步，各个领域的知识和技能都在不断增加，对专业人才的需求也日益增长。因此，各行各业开始强调对专业知识和技能的深度培养，推动了专业化的发展。

专业化不仅仅体现在职业领域，还包括学术、行业、组织等多个维度。例如，学术领域中的专业化表现为不同学科的深度研究，行业中的专业化表现为对特定领域的专业服务，组织内的专业化表现为对不同职能的明确划分。

（二）专业化发展的特征

专业化的一个显著特征是对知识的深度追求。专业人士在特定领域内通过系统学习和实践，掌握更深层次的专业知识。这种深度的知识储备使其在特定领域内具备更高的专业水平。专业化发展的另一特征是对技能的高效运用。专业人士通过长期的专业培训和实践经验，能够熟练掌握特定领域的专业技能，并能够高效地运用这些技能解决实际问题。

在专业化的组织中，各个职能和岗位的职责往往更为明晰。不同的专业人士承担不同的任务，形成相对独立、有序的工作体系。这有助于提高工作效率，减少任务的冲突和混淆。

专业化发展还体现在对专业标准的遵循。在各个领域，都会建立起一系列的专业标准和规范，专业人士需要遵循这些标准，确保其工作的质量和可行性。在组织层面，专业化的发展通常伴随着特定的组织形式。例如，专业机构、协会、学术团体等会成为专业人士

---

① 张兴雪，刘怀刚．"互联网＋"时代高校辅导员队伍建设系统工程研究［M］．北京：九州出版社，2022:65．

交流和合作的平台，促使专业领域内的共同发展[①]。

专业化发展要求个体在专业领域内进行终身学习。由于知识和技术的更新迭代，专业人士需要不断更新自己的知识结构，适应行业和领域的变化。随着专业化的发展，专业人士的社会认可度逐渐提高。专业人士在其领域内的专业知识和经验成为其职业生涯中的重要资本，也使其在社会中获得更多的尊重和认可。

（三）不同领域中的专业化发展

学术领域中的专业化表现为各个学科的深度研究。学者通过深入的学科研究，形成自己的学术领域，不断推动学科的前沿和创新。在职业领域，专业化体现为对特定职业的深度培训和标准化管理。不同职业中的专业人士通过专业资格认证等方式，提高自身的专业水平[②]。

行业领域的专业化表现为不同行业内的专业服务。例如，在医疗行业中，不同的医生通过专业化的培训和实践，分别从事不同的医疗领域。在组织内部，专业化体现为各个职能部门的建立和专业团队的形成。不同专业领域的人才聚集在相应的部门，各司其职，形成高效的工作组织结构。这有助于提高组织的执行力和竞争力。

在科技领域，专业化发展体现为不同科技专业的深度研究和创新。科研人员通过对特定科技问题的研究，推动科技的不断进步，为社会创造更多的科技价值。

（四）专业化发展对社会、组织和个体的影响

专业化的发展对整个社会产生深远影响。首先，它推动了社会的分工，使得社会各个领域的专业人士更加专注于各自的工作，提高了整体的生产力和效率。其次，专业化促使社会更加注重知识和技能的传承，形成更为稳定和可持续的社会发展模式。组织内部的专业化发展使得各个部门更具执行力和专业性。不同职能部门内的专业人才能够更好地协同工作，提高组织的适应性和竞争力。此外，组织内部的专业化还有助于员工的职业发展和晋升。专业化对个体的影响主要体现在职业发展和个人能力的提升上。个体通过专业化的学习和实践，能够更好地适应特定领域的需求，提升自己在职场上的竞争力。同时，个体也需要进行终身学习，以适应知识和技能的快速更新。

（五）挑战与应对策略

随着专业化的发展，领域之间的交叉也变得越发重要。一味强调专业化可能导致信息壁垒，影响创新和跨领域合作。应对策略是鼓励领域交叉，推动不同领域的专业人才进行

①　贝静红．高校辅导员队伍专业化发展研究 [M]．武汉：武汉大学出版社，2016:75.
②　毛建平．"互联网+"时代高校辅导员队伍建设研究 [M]．天津：天津科学技术出版社，2017:79.

跨界合作，促进知识和经验的交流。专业化的快速发展要求个体具备不断学习和适应的能力。建立终身学习的机制，包括提供培训资源、支持学术进修和鼓励在职教育，可以帮助个体更好地适应专业化发展的需求①。

随着专业化的加深，专业人士需要更加注重专业伦理和社会责任。组织和社会应加强对专业人士的监管和评估，确保其在专业发展的同时能够履行社会责任，维护公共利益。

针对不同领域的专业化需求，建立健全的人才培养体系至关重要。教育机构、培训机构和企业可以共同合作，提供系统化的专业培训和实践机会，培养适应专业化发展的人才。

专业化发展是现代社会中不可忽视的趋势，它体现在各个领域中，对社会、组织和个体都产生着深远的影响。专业化的特征包括知识深度、技能高效、职责明晰、专业标准、组织形式、终身学习和社会认可度等。在专业化的过程中，社会需要关注领域之间的交叉，个体需要建立终身学习机制，组织则需要强化专业伦理和社会责任。通过合理应对专业化的挑战，社会才能更好地享受专业化带来的益处，实现可持续的社会发展。

二、新型专业发展的背景与动因

随着科技、社会、经济等方面的不断发展，传统专业领域正在面临着深刻的变革。新型专业的出现不仅受到新兴科技的影响，还受到社会需求和全球化趋势等多方面因素的驱动。本书将深入探讨新型专业发展的背景与动因，分析在当前背景下新型专业的兴起，以及其对社会、个体和组织的影响。

（一）背景：全球化、科技进步与社会变革

当今世界正处于全球化的时代，信息、资本、人才和技术得以快速流动。全球化推动了不同国家和地区之间的合作与竞争，促使新型专业的涌现，以适应全球性挑战和机遇。新一轮科技革命，尤其是人工智能、大数据、生物技术等的快速发展，对传统产业和专业领域带来了深刻的影响。新型专业往往涌现于这些前沿科技的交叉领域，为创新和发展提供了新的动力。

随着社会结构和人们生活方式的变化，对各种新型服务和解决方案的需求也在不断增加。新型专业的出现往往与社会对多元化需求的追求密切相关，如环境保护、健康管理、文化创意等领域。传统的职业模式正逐渐受到挑战，灵活的工作模式如远程办公、自由职业等逐渐成为主流。新型专业更注重跨界合作和创业精神，适应灵活多变的工作环境。

---

① 杨玲. 新时期高校辅导员工作与队伍建设研究 [M]. 沈阳：万卷出版有限责任公司，2023:120.

（二）动因：推动新型专业发展的因素

科技的不断创新推动了新型专业的发展。例如，人工智能的应用催生了数据科学、机器学习等新型专业，而生物技术的发展推动了基因工程、生物信息学等专业的兴起。

面对日益复杂的问题，传统学科之间的界限变得越来越模糊。新型专业更注重跨学科的合作，整合不同领域的知识与技能，以更全面的视角解决问题。

全球性的社会问题，如气候变化、贫困、健康危机等，需要多方面的专业知识和综合解决方案。新型专业往往致力于面对这些复杂性挑战，促进社会的可持续发展。新型专业往往涌现于创新和创业的背景下。创新的推动需要新颖的思维方式和跨界的专业知识，而创业则需要综合的能力来应对不确定性和挑战。

企业和组织对人才的需求也在不断变化，他们更加注重综合素质和多元化技能。新型专业的培养往往能够满足这种多元化的用人需求，使个体更具竞争力。社会文化的演变对新型专业的发展起到了重要作用。例如，对可持续发展的关注、对创意产业的重视等社会文化的变迁都促进了相应领域新型专业的涌现。

（三）新型专业的典型领域与特征

在大数据时代，数据科学和人工智能成为新型专业的代表。这些专业涵盖数据分析、机器学习、深度学习等领域，致力于从海量数据中提取有用信息，推动智能化技术的发展。

面对气候变化和环境问题，新型专业如环境科学、可持续发展管理等应运而生。这些专业致力于研究环境保护、资源管理和可持续发展策略。生物技术和医疗创新是新型专业领域的重要代表。基因工程、生物信息学、医疗器械研发等专业不断涌现，推动了医疗领域的科技创新和进步。

随着互联网的普及，数字营销和创意产业成为新型专业的热门领域。数字营销专业致力于利用数字技术推动市场营销，创意产业专业涉及设计、文化创意等领域。健康管理和医疗服务是应对人口老龄化和健康需求增加的新型专业。这些专业关注个体健康，通过数据分析和管理策略提供更好的医疗服务。

（四）新型专业对社会、个体和组织的影响

新型专业的涌现使得社会更具创新力和适应性。这些专业为社会提供了解决复杂问题的新思路和方法，推动科技创新、经济发展和社会进步。个体通过学习新型专业，能够更好地适应职场的变化和社会需求。新型专业培养了更为全面的综合素质，使个体更具竞争力，更有可能在不同领域取得成功。

企业和组织通过拥有新型专业的人才，能够更好地适应市场的变化和业务的多元化。这些专业为组织注入新的创新能量，提高了组织的灵活性和竞争力。新型专业的兴起对经

济结构和产业布局产生深远影响。新兴产业的涌现促使了经济的转型升级，为就业创造了新的机会，推动了经济的可持续发展。

（五）面临的挑战与应对策略

传统教育体系需要调整以适应新型专业的培养需求。应加强跨学科教育，提供更灵活的学习模式，培养学生更全面的能力。新型专业通常涉及多个领域，要求产业之间更密切的协同创新。产业界可以建立更紧密的合作机制，共同推动新兴产业的发展[1]。

一些新型专业可能涉及法律和伦理问题，需要建立相关的法律规范和伦理准则。这有助于规范新兴专业的发展，确保其在合法合规的框架内运行。教育机构应更加密切地与企业合作，了解市场需求，调整专业设置，确保培养出符合实际用人需求的人才。

新型专业的发展在全球化、科技进步和社会变革的推动下呈现出蓬勃的态势。新型专业不仅在科技领域涌现，还包括了环境、健康、创意等多个领域。这些专业的兴起不仅对社会结构、个体发展和组织运营产生深远影响，同时也带来了一系列的挑战。通过调整教育体系、促进产业协同创新、建立法律和伦理规范以及加强人才培养与企业需求的对接，可以更好地应对这些挑战，推动新型专业的健康发展。

未来，随着社会的不断发展和科技的不断进步，新型专业领域将继续涌现。人们需要保持对新知识和新技术的敏感性，不断提升自己的综合素质，适应多变的职业环境。教育机构、企业和政府应共同努力，为培养适应未来需求的专业人才提供更好的条件和支持。

总的来说，新型专业的兴起既是社会发展的产物，也是社会进步的推动力。通过加强各方合作，不断完善相关体系和规范，可以更好地引导新型专业的发展，使其更好地服务于社会、个体和组织的需求，为未来创造更大的可能性。

三、专业化与跨学科合作的平衡

在当今社会，专业化和跨学科合作两者之间的平衡成为一个备受关注的议题。专业化注重深度和专业领域的精通，而跨学科合作则追求不同学科间的交叉融合。这两者之间的平衡对于推动创新、解决复杂问题以及应对全球性挑战至关重要。本书将深入探讨专业化与跨学科合作之间的关系，分析其优势、挑战，以及实现平衡的策略。

（一）专业化与跨学科合作的定义与特征

专业化是指在特定领域内，个体或组织通过系统的学习和实践，获得深度的专业知识和技能，从而在该领域内取得专业水平。特征包括对领域内知识的深入了解、技能的高效

---

[1] 罗华丽. 高校思想政治理论课教师与辅导员队伍协同育人优化研究 [M]. 天津：天津人民出版社，2023:127.

运用、职责的明晰划分以及专业标准的遵循①。

跨学科合作是指不同学科领域之间的协同工作，旨在整合各自领域的知识、方法和资源，解决更为复杂和跨领域的问题。特征包括对多学科知识的需求、团队成员之间的协同合作、领域之间的交叉互补。

（二）专业化与跨学科合作的优势与挑战

专业化使个体能够在特定领域内获得深度的专业知识，从而能够深入解决领域内的问题。通过专业化培训，个体能够掌握并高效运用特定领域的专业技能，提高工作效率。在专业化的组织中，职责往往更为明晰划分，有利于高效的工作协同和任务执行。过度专业化可能导致个体对其他领域的知识了解不足，限制了综合问题解决能力。在特定领域内的专业人才可能陷入思维定式，难以在创新和跨领域合作中提供新的视角和解决方案。

跨学科合作能够整合不同领域的知识，为解决更为复杂的问题提供更全面的视角。不同学科的交叉融合常常激发创新思维，带来新的解决方案和发现。跨学科合作可以充分利用各个领域的专业资源，提高解决问题的综合能力。不同学科的专业术语和思维方式可能存在沟通障碍，影响团队的协同效果。各个领域的专家可能有不同的目标、工作方式和优先级，导致合作过程中的困难。

（三）实现平衡的策略

在组织中建立鼓励跨学科合作的文化，使得专业人士更愿意踏足其他领域，促进知识的交流和共享。为专业人才提供跨学科培训，使其具备更全面的知识和跨领域合作的技能，增加其适应不同领域的能力。在解决复杂问题的项目中设立跨学科团队，吸引不同领域的专业人才参与，促进协同工作。在组织中引入具有跨学科经验的领导，能够更好地引导团队，协调不同领域的工作。

组织应该鼓励创新和实验，为专业人才提供尝试跨学科合作的机会，从而激发其创造力和跨领域思维。在跨学科合作中，制定明晰的共同目标和任务，确保各个领域的专业人才在合作过程中能够理解并积极投入。专业化与跨学科合作并非对立关系，而是相辅相成的。在解决复杂问题和推动创新的过程中，专业化提供了深度和专业性，而跨学科合作则为综合性问题提供了全面的解决方案。在实际应用中，组织和团队需要根据具体情况灵活运用这两者，找到平衡点，以更好地适应不同领域的需求。

通过建立跨学科文化、提供跨学科培训、设立跨学科团队等策略，可以促进专业化与跨学科合作的平衡。这样的平衡将有助于应对日益复杂的社会问题，推动科技创新，为社

---

① 丰硕. 高校辅导员队伍建设与工作制度发展研究 [M]. 长春：吉林出版集团股份有限公司，2022：56.

会发展和进步做出更大的贡献。

第三节　新时代高校辅导员队伍结构与体系

一、辅导员队伍的组织结构

辅导员是高校教育管理中不可或缺的一支力量,他们负责学生的全面发展和心理健康,是学生在校园生活中的重要指导者。为了更好地履行职责,建立一个科学合理的辅导员队伍组织结构至关重要。本书将深入探讨辅导员队伍的组织结构,包括层级设置、职能划分、沟通机制等方面,以期为高校辅导员队伍的建设提供参考。

（一）辅导员队伍的层级设置

主管领导层是辅导员队伍的核心,负责全面领导和管理辅导员工作。通常包括辅导员主管、辅导员主任等,他们需要具备较高的管理经验和领导力,对整个辅导员队伍的工作进行战略规划和决策。

中层管理层是连接主管领导和基层辅导员的桥梁,负责协调和执行主管领导的决策。这一层次包括各个部门的主管,如心理辅导主管、生涯规划主管等,他们需要具备专业领域的知识和管理技能。

基层辅导员是直接服务于学生的一线工作者,负责学生的日常管理、心理辅导、生涯规划等工作。他们需要具备丰富的实践经验和人际沟通能力,是学生联系最紧密的一环。

（二）辅导员队伍的职能划分

学业辅导与规划是辅导员工作的基础,包括学业指导、选课辅导、学业规划等。这一职能需要辅导员对学科知识和课程设置有较为深刻的了解,以便为学生提供专业的学业建议。心理健康服务是辅导员队伍中至关重要的一项工作。辅导员在这方面的职能包括心理咨询、心理教育、心理危机干预等,旨在帮助学生解决心理困扰,提升心理素质。

生涯规划与就业服务涵盖了学生未来职业生涯的规划和就业准备。辅导员在这方面的工作包括职业测评、就业指导、实习推荐等,以帮助学生更好地迎接职业挑战。辅导员队伍还负责学校文体活动的组织与管理。这一职能包括社团指导、文艺活动策划、体育赛事组织等,旨在为学生提供丰富多彩的校园生活。

（三）沟通机制与协同合作

辅导员队伍内部需要建立畅通的沟通机制,包括例会、工作汇报、专业培训等。这有助于促进队伍成员之间的信息共享，提高团队的协同效能。辅导员队伍与教学部门之间的紧密沟通是高效工作的关键。通过定期会商、交流学生情况、协调学科发展等方式，辅导员可以更好地了解学生的学业状况，提供有针对性的学业辅导。

作为学生服务的主要提供者，辅导员需要与学生建立良好的沟通渠道。这包括个别谈话、集体活动、在线咨询等方式，以更好地了解学生需求，提供个性化的帮助。在生涯规划和就业服务方面，辅导员需要积极与企业和社会建立联系。这有助于获取实际用人需求信息，为学生提供更贴近市场的就业指导。鉴于辅导员工作涉及多个领域，建立跨学科合作机制是非常必要的。与心理学、职业规划学、体育学等专业领域建立合作关系，使得辅导员队伍能够更全面地服务学生。

（四）辅导员队伍的能力建设

针对不同层次的辅导员，提供专业培训是保持队伍能力竞争力的关键。培训内容可以涵盖心理健康、职业规划、学科知识等多个方面。辅导员队伍应建立终身学习机制，鼓励队伍成员通过学术研究、参与行业活动等方式不断提升自己的专业水平[1]。

加强团队建设，培养团队协作精神，提高队伍整体协同效能。团队建设可以通过团队培训、团队活动等方式进行。建立科学的评价与激励机制，根据辅导员队伍的工作表现和贡献制定相应的激励政策，以保持队伍的积极性和活力。

（五）面临的挑战与应对策略

随着学科知识的不断更新，辅导员需要不断充实自己的学科知识。建立学科知识更新机制，提供相应的学科培训，提升辅导员队伍的专业水平。由于辅导员队伍中的一线工作者压力较大，人员流动问题较为普遍。建立辅导员队伍的职业发展通道，提供晋升机会，增加留任率。由于涉及多个领域，辅导员队伍中的人员可能对其他领域的了解不足。建立跨学科合作的培训和交流机制，促进队伍成员之间的合作[2]。

一些辅导员可能面临工作量不均的问题，影响工作效能。建立工作分配和协调机制，确保每个辅导员在各方面都能够得到平等的支持和机会。辅导员队伍的组织结构是高校教育管理的一个重要组成部分，对于学生的全面发展和心理健康至关重要。通过合理的层级设置、职能划分、沟通机制及能力建设，辅导员队伍能够更好地履行其职责，为学生提供全方位的支持和服务。在不断面临挑战的同时，通过有效的应对策略，辅导员队伍能够更好地适应高校教育环境的变化，为学校的发展做出积极贡献。

---

① 白金刚. 新时代高校辅导员队伍专业化建设研究 [M]. 沈阳：辽宁大学出版社，2022:150.
② 陈蕾,时学梅,买买提江·依明. 高校辅导员队伍建设与职业化发展[M]. 延吉:延边大学出版社，2021:27.

二、新时代队伍体系的构建原则

在新时代，社会经济、科技、文化等方面都发生了深刻的变革，对人才队伍提出了更高的要求。构建适应新时代需求的队伍体系，成为各行各业面临的重要任务。本书将深入探讨新时代队伍体系的构建原则，旨在为各领域组织构建更为适应时代发展的人才队伍提供参考。

（一）多元化原则

新时代队伍体系应注重多元化的人才结构，包括不同专业背景、文化背景、经验水平等的人才。这有助于在复杂多变的环境中更好地应对挑战，促进创新和协同效应[1]。

不仅要注重培养专业技能，还要培养综合素质。新时代的工作要求个体具备广泛的知识面和灵活的应变能力，多元化的能力培养将有助于应对未来不确定性的挑战。

（二）开放性原则

采用开放性的招聘机制，吸纳更多的外部人才。通过引入外部人才，可以注入新的思维和经验，推动组织更好地适应时代发展。

营造开放性的学习氛围，鼓励员工进行知识交流和技能分享。组织应提供丰富的学习资源，支持员工在工作中不断学习和成长。

（三）灵活性原则

新时代队伍体系应该具备灵活的工作安排，包括远程办公、弹性工作时间等。这有助于提高员工的工作满意度和生活质量，同时更好地适应新时代的工作方式。

提供灵活的职业发展通道，让员工根据个人兴趣和能力选择不同的发展路径。这有助于激发员工的潜力，增强组织的创新能力。

（四）人本原则

尊重员工的权益，提供良好的工作环境和福利待遇。关注员工的身心健康，构建人本关怀的工作氛围，提高员工的工作满意度和忠诚度。强调人性化管理，关注员工的个体差异，提供个性化的发展支持和培训机会。通过激发员工的内在动力，提高组织整体的凝聚力。

（五）创新性原则

新时代队伍体系应该注重培养创新思维，鼓励员工提出新的想法和解决方案。建立鼓励创新的文化，激发组织的创新潜力。给予员工创业的支持和机会，鼓励创业精神的培养。

---

[1] 张凯．高校辅导员队伍建设与工作发展研究 [M]．延吉：延边大学出版社，2020:159.

组织可以设立创业基金、提供创业培训等方式，支持员工追求个人创业梦想。

（六）社会责任原则

新时代队伍体系应该注重社会责任，将社会责任融入组织的发展战略。组织在业务发展的同时，要关注环保、公益事业等社会问题。鼓励员工参与社会活动和志愿服务，建立积极向上的企业形象。通过社会参与，增强员工的社会责任感，提高组织的社会影响力。

（七）可持续性原则

长期发展规划是构建新时代队伍体系的关键。组织应该设定明确的长远目标，制定相应的人才发展策略，确保队伍的可持续性发展。建设学习型组织，持续培养员工的学习意识和学习能力。通过学习，不断提升组织的智力资本，适应新时代的快速变化。

（八）科技化原则

引入先进的科技手段，提高工作效率和质量。新时代的队伍体系应该充分利用人工智能、大数据等技术，提升组织的数字化水平。面对数字化时代的到来，新时代队伍体系应该注重数字化人才的培养。推动员工掌握数字技能，提高信息化应用水平，有助于更好地适应科技的快速发展[1]。

（九）国际化原则

在队伍体系中引入具有国际视野和经验的人才，促使组织更好地融入全球化竞争。国际化人才的加入有助于打破地域限制，吸取不同文化背景的优秀经验。鼓励员工参与国际性的学术交流、合作项目，促进知识的跨境流动。通过国际交流，员工能够接触到更广泛的学术资源，拓展国际视野。

（十）协同性原则

建立协同性的工作机制，强调团队协作和信息共享。通过协同工作，可以充分发挥团队成员的优势，提高工作效率和创造力。加强组织内外的协同合作，与行业伙伴、研究机构等建立紧密联系。通过协同合作，组织能够更好地利用外部资源，实现共同发展。

（十一）可塑性原则

新时代的队伍体系要具备强大的可塑性，能够适应不断变化的外部环境。组织应鼓励员工具备变革意识，乐于接受新挑战，迅速适应新的工作方式和要求。培养创业家精神，鼓励员工勇于创新、追求卓越。创业家精神的培养有助于激发员工的激情和创造力，推动组织的可持续发展。

---

① 林可全．高校辅导员队伍专业化建设［M］．长沙：中南大学出版社，2018:163.

（十二）法治原则

在队伍体系的构建中，严格遵循国家和地方的法律法规，保障员工的权益。建立完善的法规体系，规范组织运作，维护良好的社会形象。增强员工的法治意识，使其在工作中能够遵纪守法。组织可以通过法律教育、合规培训等方式，强化员工的法治观念。

（十三）透明度原则

新时代队伍体系应该具备高度的信息透明性，员工能够清晰了解组织的发展战略、决策过程等。透明的信息流通有助于建立信任，促进员工的积极参与。在决策过程中强调透明原则，充分沟通决策的背后原因和目标。通过开展透明的决策过程，能够减少员工对于组织决策的猜测，增加组织的凝聚力。

（十四）环境友好原则

队伍体系的构建应符合环境友好原则，注重可持续发展。组织应考虑人才培养、组织管理等方面的可持续性，减少不良影响。推动绿色工作方式，减少对环境的负面影响。例如，推广远程办公、节约能源等绿色工作措施，营造环保的工作氛围。

（十五）反腐原则

在队伍体系中强调反腐原则，倡导廉洁文化。组织应建立零容忍的反腐体系，加强对腐败行为的打击，保持组织清正廉明的形象。建立健全的监督机制，加强内部和外部的监督。通过加强监督，组织能够及时发现和纠正不当行为，维护组织的正常运转。

新时代队伍体系的构建原则涵盖了多个方面，旨在使组织适应社会发展的新要求，培养具备创新能力、适应变革、注重社会责任的人才。多元化、开放性、灵活性、人本、创新性、社会责任、可持续性、科技化、国际化、协同性、可塑性、法治、透明度、环境友好和反腐等原则相互交织，共同构筑一个有机、健康、稳定的队伍体系。

在构建新时代队伍体系的过程中，组织需要根据自身的特点和发展阶段选择合适的原则，并在实践中不断调整和完善。这些原则不是孤立存在的，而是相互关联、相辅相成的，共同构成了一个有机的整体。通过贯彻执行这些原则，组织将更好地适应新时代的发展，培养出具备核心竞争力的人才，推动组织的可持续发展。

三、学科交叉与多层次发展的辅导员队伍

随着高校教育日益复杂多元，辅导员的角色也逐渐发生变化。传统上，辅导员主要负责学业辅导、心理健康等方面的工作，但在新时代，跨学科交叉和多层次发展的需求日益凸显。本书将探讨学科交叉与多层次发展在辅导员队伍中的重要性，以及构建适应新时代

需求的辅导员队伍的原则和策略。

（一）学科交叉的背景

学生在大学阶段面临的问题不再仅仅是学科学习，还涉及职业规划、心理健康、创业等多个方面。传统的单一学科知识已经无法满足学生全面发展的需求。社会问题日益复杂，要求辅导员更全面地了解社会现象、人际关系等多方面知识，以更好地引导学生应对挑战。

跨学科的研究和合作已经成为科研领域的主流，辅导员需要具备跨学科合作的能力，以提供更全面的服务。

（二）多层次发展的需求

学生在发展过程中具有差异性，需要个性化的指导和支持。多层次的发展要求辅导员能够根据学生的个体差异提供相应的服务。新时代学生对职业规划的要求更为复杂，既包括专业知识的深度发展，也包括跨领域的拓展。辅导员需要具备多层次的职业规划能力。

创新创业成为新时代的重要发展方向，辅导员需要在培养学生的创新创业能力上有所突破，从多层次的角度进行引导。

（三）学科交叉与多层次发展的重要性

学科交叉和多层次发展要求辅导员具备更广泛的知识面和更丰富的经验，这将提升辅导员的综合素质，更好地服务于学生。教育领域的发展趋势是学科交叉，辅导员需要适应这一趋势，与其他领域的专业人才进行合作，提供更全面的学科知识[1]。

学科交叉和多层次发展要求辅导员能够提供更多元、个性化的服务，更好地满足学生的多层次发展需求。学科交叉有助于促进不同学科间的信息流动，辅导员可以从其他学科汲取知识，为学生提供更为综合的指导。

（四）构建适应新时代的辅导员队伍原则

提供跨学科培训，使辅导员能够具备更广泛的知识面。培训内容可以涵盖心理学、职业规划学、创业教育等多个领域，以丰富辅导员的专业知识，使其能够更全面地理解和解决学生面临的问题。在辅导员队伍内部建立跨学科合作机制，鼓励辅导员之间的信息共享和合作。通过团队协作，能够更好地整合不同学科的优势，为学生提供更综合的服务。

针对不同层次的辅导员，提供多层次的发展培训。包括学科知识的深度培养、心理辅导技能的提升、职业规划与创新创业等方面的专业培训，以满足不同层次的发展需求。

设计激励机制，鼓励辅导员在多个领域取得突出成就。通过奖励多元发展的辅导员，

---

① 王传刚．新时代高校辅导员队伍建设与能力提升研究［M］．北京：中国政法大学出版社，2019：180：

可以激发队伍成员的积极性，推动整个队伍的多层次发展。构建学科导向的评价体系，既注重学科专业水平的评估，又考量辅导员在多层次发展方面的贡献。评价体系应包括学科知识水平、学科交叉能力、多层次服务能力等多个方面。

强调培养辅导员的创新创业思维，使其能够更好地引导学生进行跨学科的创新研究和创业实践。为辅导员提供相关培训和资源支持，帮助其更好地促进学生的创新创业发展。强调辅导员在服务学生时要具备个性化的服务能力。不同学生有不同的发展需求，辅导员应根据学生的个体差异提供个性化的服务，满足其多层次的成长需求。

（五）应对挑战的策略

学科交叉可能导致不同学科领域之间的沟通障碍。建立跨学科的沟通平台，促进各学科之间的信息交流，加强合作。面对学生多层次的发展需求，辅导员可能难以提供个性化的服务。建立学生档案系统，收集学生个体差异信息，作为辅导员提供个性化服务的参考。

跨学科培训可能面临队伍成员背景差异大、培训内容复杂等问题。制订差异化培训计划，分层次、分专业进行培训，确保每位辅导员都能接受到适宜的培训。建立全面的评价体系可能面临难以量化多层次发展能力的问题。引入多元评价方法，结合学科专业水平和服务能力，采用 360 度评价等方式，全面衡量辅导员的综合表现[①]。

学科交叉与多层次发展的辅导员队伍构建是适应新时代高校教育要求的必然趋势。通过跨学科培训、多层次发展培训、建立学科导向的评价体系等策略，可以使辅导员队伍更好地适应社会发展的需求，提供更全面、个性化的服务。在应对挑战的过程中，建议注重沟通机制、个性化服务手段、差异化培训计划的制订，以确保辅导员队伍的高效运作。通过这些努力，辅导员队伍将更好地促进学生的全面发展，推动高校教育水平的提升。

第四节　现代辅导员队伍建设在新时代的演变

一、在新时代背景下辅导员队伍建设的变革

在新时代背景下，我国高校教育正经历着深刻的变革，而辅导员队伍的建设也面临着前所未有的机遇和挑战。新的时代要求辅导员不仅具备传统的学科知识和心理辅导技能，更需要具备跨学科、全面发展的能力，以更好地适应学生多元化的需求。本书将探讨新时代背景下辅导员队伍建设的变革，以推动高校辅导工作的创新与提升。

---

① 罗华丽. 高校思想政治理论课教师与辅导员队伍协同育人优化研究 [M]. 天津：天津人民出版社，2023：63.

（一）新时代教育背景的特征

新时代要求高校培养全面发展的人才，不仅关注专业知识的传授，还注重学生的综合素质和创新能力的培养。社会对人才的需求不再仅仅局限于传统学科，更注重跨学科能力、创新创业能力、团队协作等多方面素质。

信息技术的迅猛发展带来了教育方式的变革，学生获取信息的途径更加多样，对教育形式和辅导方式提出了新的要求。学生群体呈现多元化发展趋势，不同生源背景、兴趣特长的学生共同进入高校，对辅导员提出了更高的个性化服务要求。

（二）辅导员队伍建设的变革需求

面对全面发展的教育要求，辅导员需要具备跨学科的知识和能力，能够更好地协助学生进行学科之间的融合学习和跨领域创新[①]。

针对学生多元化的需求，辅导员需要提升服务技能，包括职业规划、心理健康辅导、创新创业指导等方面的能力，以更全面地满足学生的发展需求。

辅导员需要适应信息化时代的要求，提高信息技术水平，善于利用新媒体、社交平台等手段，拓展服务渠道，提升与学生的沟通效果。

在跨学科合作中，辅导员需要具备更强的团队协作和领导力，能够与不同专业的同仁协同工作，共同推动学生全面素质的培养。

（三）新时代辅导员队伍建设的策略

设计全面发展培训计划，包括跨学科知识的学习、多元化服务技能的提升、信息化水平的培养等多个层面。通过培训，提高辅导员队伍的整体素质。在辅导员队伍内部建立跨学科合作机制，鼓励不同专业的辅导员共同参与项目，促进知识交流和资源共享。

借助信息技术，建立信息化辅导服务平台，提供在线咨询、课程推送、学业辅导等服务。通过互联网手段拓展服务范围，提升服务效能。在辅导员队伍中设立多元化服务团队，包括职业规划专家、心理健康辅导员、创新创业导师等，形成协同作战的态势。

设计团队协作与领导力培养计划，通过团队项目、领导力培训等方式，提升辅导员的团队协作和领导力水平。在绩效评价中引入学科导向的要素，考核辅导员在全面发展、跨学科合作等方面的贡献，建立更加科学合理的评价体系。

（四）新时代辅导员队伍建设的挑战与应对

跨学科知识的培养需要辅导员不断更新知识储备，面临知识更新的压力。建立持续学习机制，鼓励辅导员参与学术研讨、课程培训等。不同学科之间存在语言和理念差异，跨

---

① 白金刚．新时代高校辅导员队伍专业化建设研究［M］．沈阳：辽宁大学出版社，2022：49．

学科合作可能面临协同难题。建立跨学科合作的协同机制，设立专门的沟通渠道，促进不同学科之间的有效沟通和合作。

推行信息化辅导服务需要辅导员具备一定的技术水平，但有些辅导员可能面临技术难题。提供专业的技术培训，同时建立技术支持团队，解决技术问题。面对学生多元化需求，提供个性化服务是一项挑战。建立学生档案系统，通过数据分析和个性化指导，更好地满足学生个性化发展的需求。

辅导员队伍的团队协作和领导力培养需要一定时间和长期的实践。设计长期的培训计划，通过实际项目锻炼，逐步提升团队协作和领导力。

（五）新时代辅导员队伍建设的成果与影响

通过跨学科、多元化的服务，辅导员更好地满足了学生全面发展的需求，使其在专业知识、创新创业、社会交往等方面得到全面提升。辅导员队伍建设的变革将有助于提高学校整体辅导服务水平，增强学校综合竞争力。吸引更多优秀学生和专业人才选择该校。

通过信息化手段和团队合作，辅导员队伍在教育服务方面实现创新。推动教育模式的创新，为学校教育事业注入新的活力。在辅导员队伍建设中，学校可以形成优势特色，例如在跨学科合作、多元化服务等方面形成鲜明的办学特色，提高知名度和影响力。

辅导员队伍建设的变革不仅服务于学生个体的发展，同时也服务于社会的发展。培养更多具备创新能力和实践能力的人才，为社会注入更多活力。在新时代背景下，辅导员队伍建设的变革势在必行。通过跨学科、全面发展、信息化、团队协作等策略，提升辅导员队伍的整体素质，更好地适应学校教育发展的需求。这一变革不仅有助于提高学生的综合素质，还能够推动学校的创新与发展，形成具备竞争力的办学特色，为社会培养更多具备综合素质的人才。在变革过程中，需要学校、教育管理者以及辅导员本身共同努力，形成合力，共同推动辅导员队伍建设的全面提升。

二、现代化技术与工具在队伍建设中的应用

随着社会的不断发展，现代化技术在各个领域的应用日益广泛，队伍建设作为组织管理的关键环节也不例外。现代化技术和工具的引入为队伍建设提供了新的可能性，提升了沟通、培训、管理等方面的效率和质量。本书将探讨现代化技术在队伍建设中的应用，以及它对组织和员工的影响。

（一）现代化技术在队伍建设中的应用

在队伍协作方面，现代化的在线协作工具如 Slack、Microsoft Teams、Zoom 等为团队提供了实时交流、共享文件、视频会议等功能。这些工具能够加强团队沟通，促进信息的快速传递，提高协作效率。

HRMS 系统的应用使得人力资源管理更加高效。它涵盖了招聘、培训、绩效评估、员

工福利等方面，使得人力资源工作更加集中化和智能化，有助于提高组织整体的人力资源管理水平。利用现代化技术，组织可以建设在线培训平台，提供各种形式的培训课程。员工可以根据需要随时随地进行学习，有利于个体发展和团队知识水平的提升。

数据分析工具如 Tableau、Power BI 等可以帮助组织更好地理解员工的表现、需求和趋势。通过数据分析，组织可以制定更科学的队伍建设策略，精准地满足员工的需求。利用人工智能技术，组织可以更快速、准确地筛选和匹配人才。自动化的招聘流程节省了时间和人力成本，同时提高了招聘效率和质量。

（二）现代化技术在队伍建设中的影响

现代化技术的应用提高了团队成员之间的沟通效率。实时通信工具使得信息可以迅速传递，远程办公和在线协作平台使得团队成员可以随时随地进行沟通和合作。在线培训平台使得培训更加灵活和个性化。员工可以根据自己的学习进度和需求选择课程，提高培训的质量和效果。

人力资源管理系统的应用使得人力资源工作更加规范和高效。员工信息、考勤管理、绩效评估等方面的数据可以通过系统集中管理，提高了人力资源管理的水平。利用人工智能技术，组织可以更广泛地拓展招聘渠道，通过大数据分析精准匹配候选人。这有助于吸引更符合组织需求的人才。数据分析工具的应用使得组织能够更清晰地了解员工的表现和组织的状况。通过数据驱动的决策，组织可以更科学地制定战略和计划。

（三）现代化技术在队伍建设中的挑战

在线协作和人力资源管理系统的使用可能涉及大量敏感信息，如员工个人信息、公司战略等。因此，数据安全和隐私问题成为应用现代化技术时需要关注的挑战。随着技术的不断更新，组织需要不断投入成本进行技术更新和员工培训。这可能增加了组织的财务和时间负担。

一些员工可能对新技术产生抵触情绪，因为他们需要适应新的工作方式和工具。组织需要通过培训和沟通来缓解员工的抵触情绪。过度依赖技术可能带来风险，一旦系统故障或遭受攻击，可能导致工作中断和信息泄露。组织需要谨慎处理技术依赖风险。

（四）应对挑战的策略

采取加密、权限控制等措施，确保在线协作和人力资源管理系统的安全性。建立完善的隐私政策，保护员工的个人信息。设立定期的技术培训和更新计划，确保员工对新技术的了解和掌握。持续的培训有助于降低员工学习新技术的难度，提高技术应用的效果。组织开展培训和沟通活动，引导员工适应新的工作方式和工具。强调新技术的便利性和提高工作效率的优势，降低员工抵触情绪。

针对技术依赖风险，建立备份和应急机制，确保在系统故障或攻击时能够迅速切换到备用系统，降低因技术问题带来的损失。设立员工反馈机制，及时了解员工对现代化技术应用的感受和问题。根据反馈信息进行调整和改进，使技术应用更符合员工的实际需求。现代化技术在队伍建设中的应用为组织管理带来了巨大的便利和提升。通过在线协作、人力资源管理系统、在线培训平台、数据分析工具和人工智能等现代技术的应用，组织能够更高效地进行团队协作、人力资源管理、培训发展等方面的工作。然而，应用现代化技术也面临着一系列的挑战，包括安全隐患、技术更新成本、员工抵触情绪等。通过采取适当的策略，组织可以更好地利用现代化技术，提高队伍建设的效果，推动组织整体的发展。未来，随着技术的不断发展，组织还需不断关注新技术的应用，以更好地适应不断变化的工作环境。

三、学生需求变化对辅导员队伍的影响

随着社会的不断发展和高校教育环境的变迁，学生的需求也在不断发生变化。作为学生生活与学习的重要支持者，辅导员队伍承担着满足学生需求的责任。本书将探讨学生需求变化对辅导员队伍的影响，分析应对策略，以更好地适应新时代学生的发展需求。

（一）学生需求的演变

随着社会经济的发展，学生对不同学科的需求变得更加多元化。不再仅仅追求传统专业，而是更注重跨学科的知识结合，追求全面发展。学生对职业发展的期望日益复杂，不仅仅追求传统的职业道路，还关注创新创业、社会责任等方面。辅导员需要更好地满足不同学生的个性化职业规划需求[①]。

在新时代，学生面临更多的学业压力、生活压力，对心理健康和情感关系的需求凸显。辅导员需要更关注学生的心理状态，提供相应的心理健康支持。学生在信息化时代长大，对数字化、在线学习的需求增加。他们更倾向于灵活的学习方式，对于在线资源和技术工具的应用有更高的期望。学生对社会参与和创新能力的重视逐渐增强。他们希望通过参与社会实践、创新创业项目等方式培养自己的领导力和创新精神。

（二）影响辅导员队伍的因素

学生需求的变化对辅导员的知识结构和能力提出了更高的要求。辅导员需要不断更新自己的知识储备，具备跨学科、多领域的知识背景，以更好地满足学生的学科需求。学生对心理健康与情感关系的需求增加，辅导员需要具备更专业的心理辅导能力，能够有效解决学生在学业和生活中的心理问题。

---

① 罗华丽. 高校思想政治理论课教师与辅导员队伍协同育人优化研究 [M]. 天津：天津人民出版社，2023：56-58.

随着职业发展需求的变化，辅导员需要更深入了解不同行业的动态，能够提供更个性化、前瞻性的职业规划和创新创业指导。学生对信息化技术的需求增加，辅导员需要具备良好的信息化技术应用能力，能够灵活运用在线资源、社交媒体等工具，更好地服务学生。学生对社会实践和创新项目的参与需求上升，辅导员需要具备项目管理能力，能够组织和指导学生参与各类实践活动，培养他们的实际操作能力。

（三）辅导员队伍的应对策略

建立跨学科的培训机制，通过学科交叉培训、研讨会等方式，提升辅导员的知识结构，使其具备更全面的学科知识。强化心理健康与情感辅导方面的培训，使辅导员具备更专业的心理辅导技能，能够更好地应对学生在心理健康方面的需求。针对不同行业的职业规划需求，开展行业研究与职业发展指导培训，使辅导员能够更好地为学生提供个性化的职业规划支持。

提供信息技术培训，使辅导员熟练掌握在线协作工具、社交媒体应用等技术工具，更好地利用现代化技术服务学生。强调项目管理培训，鼓励辅导员参与实践项目，并通过分享经验，提升其项目管理能力，更好地引导学生参与实践活动。

（四）辅导员队伍的专业团队建设

建立辅导员队伍的专业团队，设立跨学科合作机制。通过定期的团队研讨、专业交流，促进辅导员之间的知识共享，提高整体团队的专业水平。建立学科导向的绩效评价体系，根据学科需求和发展方向，科学评估辅导员在学科知识、心理辅导、职业规划等方面的贡献，激发其工作热情。设立导师制度，由有丰富经验和专业能力的辅导员担任新人的导师，进行一对一的指导和培养。通过导师制度促进新老辅导员之间的交流和共同成长。

（五）辅导员队伍的挑战与发展机遇

随着学科知识的拓展和多元化需求的增加，辅导员面临更大的专业压力。需要不断学习新知识，适应学科交叉的发展趋势。学生心理健康问题的增加使得心理辅导工作更加复杂。辅导员需要不仅具备丰富的心理辅导经验，还需关注心理健康领域的前沿知识。部分辅导员可能对信息技术的应用感到陌生，需要克服技术难题，提高信息技术水平，以更好地满足学生的需求。

辅导员队伍通过跨学科合作，可以促进知识交流和创新。这为辅导员提供了更广阔的发展机遇，有助于提升整体专业水平。随着社会对心理健康的重视，心理辅导领域的发展前景广阔。辅导员通过专业的心理辅导服务，有望在这一领域发挥更大的作用。学生对信息技术的依赖为辅导员提供了更广泛服务的机会。通过善于利用信息技术，辅导员可以更高效地开展各项工作。

学生需求的变化对辅导员队伍提出了更高的要求，需要辅导员具备更多元的知识和能力。面对新时代学生的发展需求，辅导员队伍应积极应对，通过跨学科培训、心理辅导专业培训、信息技术培训等手段，提升整体素质。建立学科导向的绩效评价体系、专业团队建设机制等，有助于激发辅导员的工作热情和团队协作精神。虽然面临一系列挑战，但这也是发展的机遇，通过创新和适应，辅导员队伍有望更好地服务学生，推动高校教育的发展。未来，辅导员队伍需要保持对新时代学生需求的敏感性，不断调整工作方向，以更好地服务学生的全面发展。

第五节　教育发展对辅导员队伍的新要求

一、教育理念变革对辅导员的影响

教育理念的变革是随着社会的发展而不断演进的，这种变革对于教育体制的各个层面都产生着深远的影响。辅导员作为高校教育中的关键角色，其工作与教育理念密切相关。本书将探讨教育理念变革对辅导员的影响，分析辅导员在新教育理念下应具备的素质和面临的挑战。

（一）教育理念变革的背景

传统的教育理念注重知识的传授，而现代教育理念更加强调培养学生的综合素质和实际应用能力。学校开始更注重学生的创新、批判性思维和解决问题的能力。过去的教育体制往往以一刀切的方式对待学生，忽视了每个学生的个性和差异。现代教育理念强调个性化发展，注重满足学生多样化的学习需求[①]。

传统教育理念往往局限于理论与实践的脱节，而现代教育理念更注重将理论与实践相结合，培养学生的实际动手能力和解决实际问题的能力。过去的教育体系较为封闭，注重传统的教室教学。现代教育理念更倾向于开放式学习，鼓励学生参与社会实践、社区服务等活动，积累实际经验。

（二）教育理念变革对辅导员的影响

教育理念的变革意味着辅导员的角色也需要发生变化。传统上，辅导员更侧重于学科知识的传授和生活指导，而在新的教育理念下，辅导员的功能将更多地拓展到能力培养、实践导向和个性化发展。新教育理念强调学生的全面发展，辅导员需要更注重学生的实际

---

① 陈蕾，时学梅，买买提江·依明. 高校辅导员队伍建设与职业化发展 [M]. 延吉：延边大学出版社，2021：58.

能力培养，关注其创新思维、团队协作和实际问题解决能力的培养。

针对学生个性化发展的要求，辅导员需要更深入了解每个学生的需求和特点，提供差异化的服务。个性化的指导有助于更好地满足学生的学习和生活需求。教育理念的变革强调实践导向，辅导员应鼓励学生参与社会实践、创新创业项目，提供相关指导和支持，帮助学生将理论知识应用于实际中。随着教育理念的变革，辅导员需要更好地利用信息技术，提供在线学习资源、实践项目信息等，以支持学生的综合素质发展。

（三）辅导员在新教育理念下应具备的素质

辅导员需要具备更全面的知识储备，能够理解并适应不同学科的发展趋势，为学生提供更广泛的学科指导。拥有实践经验的辅导员更容易与学生建立联系，能够分享实际问题解决的案例，帮助学生将理论知识转化为实际应用。

鼓励辅导员培养创新思维，能够引导学生主动解决问题，推动实践导向的学习。辅导员需要具备团队协作和社会交往的能力，与其他教育工作者、企业、社会组织等建立联系，为学生提供更广泛的资源和支持。辅导员需要掌握信息技术，能够运用在线平台、社交媒体等工具，提供学科资讯、在线学习资源等服务。

（四）辅导员在新教育理念下面临的挑战

新教育理念要求辅导员具备更广泛的专业素养，这对一些传统背景辅导员提出了更高的要求。他们需要通过不断的学习和培训，提升自己的综合素质，以更好地适应新时代学生的需求。实现个性化服务需要辅导员更深入地了解每个学生的个体差异，而这可能面临一定的困难。辅导员需要投入更多的时间和精力，通过深入的沟通和了解，为每个学生提供个性化的服务。

强调实践导向的教育理念要求辅导员更多地参与学生的实际项目和实践活动。这可能会带来时间和工作量的增加，辅导员需要在实践与日常工作之间寻找平衡。随着信息技术在教育中的普及，辅导员需要适应新的工具和平台，提供在线学习资源等服务。对于一些辅导员来说，这可能是一个新的挑战，需要他们不断学习和适应新技术[①]。

（五）辅导员的发展机遇

针对新教育理念的发展，辅导员有机会参与建设专业团队。通过与其他教育工作者、专业机构合作，共同推动学生全面发展。新教育理念注重跨学科合作，辅导员有机会与不同学科的专业人员进行合作。这种合作有助于形成更全面的教育支持体系，提升辅导员在学科知识上的广度。

---

① 丰硕．高校辅导员队伍建设与工作制度发展研究［M］．长春：吉林出版集团股份有限公司，2022:67.

辅导员可以参与创新教育项目，例如实践导向的项目、创新创业项目等。通过这些项目，辅导员有机会锻炼自己的创新思维，培养学生的实际操作能力。随着信息技术的发展，辅导员可以参与在线学习资源的开发和管理。这不仅有助于提升学生的学科水平，还为辅导员提供了展示和分享经验的平台。

教育理念的变革对辅导员提出了新的要求和挑战，同时也为他们带来了发展的机遇。在新教育理念下，辅导员需要不断提升自己的专业素养，更注重个性化服务和实践导向。面对挑战，辅导员可以通过参与专业团队、跨领域合作、创新教育项目等途径，发展自身的能力，并更好地服务学生的全面发展。未来，辅导员需要保持对教育理念的敏感性，不断学习和适应新的教育模式，以更好地履行他们在学生成长中的关键角色。

二、教育政策变化下辅导员角色的调整

教育政策的变革直接影响着高校的教育体制和运行机制，同时也对辅导员这一关键角色提出了新的要求。本书将探讨教育政策变化对辅导员角色的调整，分析在新政策背景下辅导员应当具备的新素质以及面临的挑战。

（一）教育政策变革的背景

随着社会的发展，教育政策逐渐从传统的应试导向向素质教育转变。政府提出培养具有创新能力、实践能力和团队协作能力的高素质人才。为适应社会经济的快速发展，教育政策倡导深度融合产学研，强化实践教育，使学生更好地适应职业发展的需要。

教育政策鼓励学科交叉，提倡跨学科综合素养培养。培养学生的综合能力，使其更具竞争力。面对信息化时代的发展，教育政策强调信息技术教育，倡导学生掌握先进的技术工具和信息处理能力。

（二）教育政策变化对辅导员角色的影响

随着学科交叉的推动，辅导员需要具备更广泛的学科知识，能够为学生提供跨学科的指导和支持。教育政策强调实践教育，辅导员需要更加关注学生的实际操作能力培养，提供相关实践指导[①]。

政策对综合素养的重视要求辅导员关注学生的综合素质发展，包括创新能力、团队协作能力等方面。随着产学研深度融合的推动，辅导员需要更深入了解职业领域的需求，提供更具体的职业发展指导。教育政策对信息技术的强调要求辅导员具备更好的信息技术应用能力，以更好地服务学生需求。

---

① 白金刚. 新时代高校辅导员队伍专业化建设研究 [M]. 沈阳：辽宁大学出版社，2022:22.

（三）辅导员在新政策下应具备的新素质

辅导员需要具备跨学科的知识储备，能够为不同学科的学生提供全面的指导，促进学科交叉和综合发展。拥有实践经验的辅导员更容易与学生建立联系，能够为学生提供更实际的指导和建议，促进实践教育的深入开展。

鼓励辅导员培养创新思维，能够引导学生主动解决问题，推动实践教育和创新创业的开展。辅导员需要具备团队协作和社会交往的能力，与产业界、社会组织等建立联系，为学生提供更广泛的资源和支持。辅导员需要不断提升信息技术应用能力，善于利用在线平台、社交媒体等工具，提供学科资讯、在线学习资源等服务。

（四）辅导员在新教育政策下面临的挑战

新教育政策要求辅导员具备更广泛的专业素养，这对一些传统背景的辅导员提出了更高的要求。他们需要通过不断的学习和培训，提升自己的综合素质，以更好地适应新时代学生的需求。实现个性化服务需要辅导员更深入地了解每个学生的个体差异，而这可能面临一定的困难。辅导员需要投入更多的时间和精力，通过深入的沟通和了解，为每个学生提供个性化的服务。

强调实践导向的教育政策要求辅导员更多地参与学生的实际项目和实践活动。这可能会带来时间和工作量的增加，辅导员需要在实践与日常工作之间寻找平衡，确保实践导向的教育真正落地[①]。

随着信息技术在教育中的普及，辅导员需要适应新的工具和平台，提供在线学习资源等服务。对于一些辅导员来说，这可能是一个新的挑战，需要他们不断学习和适应新技术，以更好地满足学生的需求。随着产学研深度融合的推动，辅导员需要更深入了解职业领域的需求，提供更具体的职业发展指导。这对于一些传统背景的辅导员来说，可能需要更广泛的职业网络和实践经验。

（五）辅导员的发展机遇

随着新教育政策的实施，辅导员有机会参与建设专业团队。通过与其他教育工作者、专业机构的合作，共同推动学生全面发展。新教育政策注重跨学科合作，辅导员有机会与不同学科的专业人员进行合作。这种合作有助于形成更全面的教育支持体系，提升辅导员在学科知识上的广度。

辅导员可以参与创新教育项目，例如实践导向的项目、创新创业项目等。通过这些项目，辅导员有机会锻炼自己的创新思维，培养学生的实际操作能力。随着信息技术的发展，

---

① 陈蕾，时学梅，买买提江·依明．高校辅导员队伍建设与职业化发展［M］．延吉：延边大学出版社，2021:121.

辅导员可以参与在线学习资源的开发和管理。这不仅有助于提升学生的学科水平，还为辅导员提供了展示和分享经验的平台。

　　针对职业发展指导的需求，辅导员有机会拓展自己的职业网络。与企业、行业专业人士建立联系，为学生提供更具针对性的职业发展建议。教育政策的变化直接影响着高校教育的方向和目标，辅导员作为关键的教育支持者，在新政策下面临着新的机遇和挑战。为适应政策变化，辅导员需要不断提升自身的素质和能力，拓展知识领域，深入了解学科交叉，加强实践教育的指导，提升信息技术应用水平，深化对职业发展的认知。同时，他们也需要主动参与专业团队建设、跨领域合作、创新教育项目等活动，积极拓展职业网络，以更好地服务学生，推动学生全面发展。在新时代，辅导员的发展不仅是对个体的挑战，更是对整个高校教育体系的促进和推动。通过不断调整和适应，辅导员将更好地履行其在学生发展中的关键角色。

三、新时代学科发展对辅导员的培训需求

　　随着社会的不断发展和科技的飞速进步，学科发展进入了新时代。在这个背景下，辅导员作为高校教育中的关键角色，其培训需求也面临着新的挑战和机遇。本书将探讨新时代学科发展对辅导员培训的需求，分析辅导员在面对学科发展变化时需要具备的新素质和技能。

（一）新时代学科发展的特点

　　新时代学科发展强调跨学科的融合，不再是传统学科的孤立发展，而是在不同学科之间形成更紧密的关联和合作。这种跨学科的趋势使得学科间的交叉知识变得更为重要。

　　学科发展不仅仅局限于传统的教材和理论，还包括信息技术的广泛应用。学科发展在数字化、智能化的趋势下，需要辅导员具备更强的信息技术应用能力。学科发展更加强调对学生实际能力的培养，不仅注重理论知识的传授，还要求学生能够在实践中运用所学知识。这对辅导员提出了更高的要求，需要更好地指导学生进行实践活动。

　　学科发展在全球范围内相互影响，国际化的视野成为学科建设的重要方向。辅导员需要具备一定的国际化素养，能够更好地引导学生拓展国际交流和合作。

（二）学科发展对辅导员培训的需求

　　面对跨学科融合的趋势，辅导员需要不断更新跨学科知识，了解不同学科之间的最新进展，以更好地指导学生在跨学科领域进行学习和研究。学科发展对信息技术的广泛应用提出了新的要求。辅导员需要接受信息技术应用的培训，掌握各类数字工具和在线平台，更好地利用这些工具进行教学和辅导工作。

针对实践导向的培养，辅导员需要提升实践教育的指导技能。这包括设计实践项目、指导学生进行实际操作、评估实践成果等方面的能力培养。学科发展强调国际化视野，辅导员需要提升自身的国际化素养。这可能包括学习国际学术规范、参与国际学术交流、引导学生参与国际化项目等方面的培训。学科发展在强调实际能力培养的同时，也要求学生具备创新思维。辅导员需要接受创新教育的培训，培养自身的创新能力，引导学生进行创新性研究和实践。

（三）辅导员在学科发展中需要具备的新素质

辅导员需要具备自主学习的能力，能够及时了解不同学科的最新发展动态，以更好地指导学生在跨学科领域进行学习和研究。辅导员需要具备使用各类信息技术工具的能力，包括在线教学平台、数字化教育资源的开发和利用，以及与学生进行在线交流和指导的技能[①]。

辅导员需要提升实践教育的指导技能，包括设计和组织实践项目、引导学生参与实际操作、评估实践成果等方面的能力。辅导员需要具备国际化沟通与合作的能力，包括良好的英语表达能力、跨文化沟通技巧，以及能够引导学生参与国际化项目和合作研究的能力。

辅导员应培养创新思维，能够引导学生主动解决问题，推动实践教育和创新创业的开展。同时，辅导员需要具备解决实际问题的能力，帮助学生将理论知识应用于实践。

（四）学科发展对辅导员培训的挑战

学科发展的多样性使得辅导员培训需要涵盖广泛的内容，包括不同学科的知识、信息技术应用、实践教育指导技能等方面。这对培训机构和教育机构提出了更高的要求。随着信息技术的发展，培训方式变得更加灵活，可以通过在线课程、远程培训等多种形式进行。辅导员需要适应不同的培训方式，提高远程培训的有效性。

实践教育的指导需要辅导员具备更多的实际操作经验和技能。这可能需要辅导员参与更多的实践项目，增加其实践经验，提高实践教育的指导水平。

国际化视野的提升需要辅导员参与更多的国际学术活动和合作项目。这对于一些传统背景的辅导员来说，可能需要更广泛的国际化培训。培养创新思维和解决问题的能力需要系统性的培训和实践。辅导员需要参与创新教育项目，提高自身的创新能力，以更好地引导学生。

（五）培训机构的发展机遇

针对不同高校和辅导员的需求，培训机构可以提供定制化的培训服务，包括学科知识

---

① 丘进，卢黎歌．机制·创新·长效：高校辅导员队伍建设研究 [M]．西安：西安交通大学出版社，2012：125．

更新、信息技术应用、实践教育指导等方面的内容。培训机构可以通过多元化的培训方式，包括线上线下结合、远程培训、专业研讨会等形式，满足辅导员不同层次和背景的培训需求。

培训机构可以搭建合作与交流平台，促进不同高校辅导员之间的交流合作，分享培训资源和经验，形成辅导员培训的共同体，推动整个行业的发展。为辅导员提供实践项目支持，帮助他们参与实际操作并提升实践教育指导技能。培训机构可以与实际行业合作，搭建实践项目平台，为辅导员提供更多实践机会。

培训机构可以建立国际交流平台，促进辅导员与国际教育专家、学者的交流与合作。通过引入国际化培训资源，提高辅导员的国际化素养。新时代学科发展对辅导员的培训提出了更高的要求，要求辅导员具备跨学科知识、信息技术应用能力、实践教育指导技能、国际化素养等多方面的能力。这为培训机构提供了发展机遇，可以通过提供定制化培训服务、多元化培训方式、合作与交流平台、实践项目支持以及国际交流平台等手段，满足辅导员不断升级的培训需求。

在面对挑战时，培训机构需要关注培训内容的多样性，确保覆盖学科发展的多个方面；灵活运用多元化的培训方式，适应不同辅导员的需求和背景；关注实践教育指导的难度，为辅导员提供更多实践支持；重视国际化素养的提升，引入国际化培训资源；注重创新思维与解决问题的培养，通过实践项目和创新教育项目，提升辅导员的创新能力。

综合来看，通过与学科发展相适应的培训，辅导员将更好地适应新时代学科发展的要求，为学生提供更贴近实际、全面发展的教育支持，推动高校教育不断迈向新的高度。同时，培训机构也将在满足辅导员培训需求的过程中迎来更广阔的发展前景。

第二章　新时代高校辅导员队伍的现状分析

第一节　新时代高校辅导员队伍的规模与结构

一、辅导员队伍规模的现状分析

辅导员作为高校教育中的重要组成部分，承担着学生思想政治教育、心理辅导、职业指导等多重任务。辅导员队伍的规模与质量直接关系到高校教育质量和学生全面发展水平。本书将对辅导员队伍规模的现状进行分析，探讨其存在的问题和发展趋势。

（一）辅导员队伍规模的基本情况

随着高校规模的扩大和学科专业的增加，辅导员队伍的总体数量呈现增长趋势。许多高校在辅导员队伍的建设上投入更多的人力资源，以满足学生不断增长的需求。随着教育理念的更新和任务的复杂性增加，辅导员队伍逐渐呈现专业化的趋势。有的高校设立了更多的岗位，如心理辅导员、职业规划辅导员等，以更好地满足学生个性化需求[1]。

不同层次和规模的高校在辅导员队伍规模上存在差异。一些重点大学和综合性大学拥有庞大的辅导员队伍，而一些专科院校规模较小。

（二）辅导员队伍规模的问题与挑战

部分高校辅导员数量虽然增加，但仍面临任务与数量不匹配的问题。任务繁重、工作压力大，导致辅导员难以充分关注个别学生的发展需求。随着任务的复杂性增加，高校普遍加强了辅导员队伍的专业化建设。然而，一些地方或学校在专业化水平上仍存在差距，一些辅导员可能缺乏相关专业知识和技能。

由于高校财政状况、学科设置和学生规模的不同，一些高校辅导员队伍的资源分配存在不均衡现象。资源相对匮乏的学校可能面临辅导员数量不足的问题。随着学科发展的跨

---

① 丘进，卢黎歌. 机制·创新·长效：高校辅导员队伍建设研究 [M]. 西安：西安交通大学出版社，2012：143.

学科融合，一些辅导员队伍尚未充分发挥跨学科合作的优势。辅导员之间、辅导员与学科专业之间的合作仍有提升空间。

（三）辅导员队伍规模的发展趋势

随着高校治理结构的不断优化，辅导员队伍将更加注重精细化管理。通过设立不同岗位、提高管理效能，实现对学生的更精准服务。高校将进一步加强辅导员的专业发展与培训，提升其专业素养和工作能力。培训内容将更加注重跨学科知识、心理辅导技能、职业规划等方面。

随着信息技术的发展，智能化辅助工具将成为辅导员队伍的重要支持。人工智能、大数据等技术将被应用于学生信息管理、心理测评等方面，提高辅导员工作效能。学科发展的跨学科融合将促使辅导员队伍加强与不同学科的合作。辅导员将更多地参与学科交叉的研究与实践，为学生提供更全面的支持[1]。

（四）辅导员队伍规模发展的建议

高校应根据学科设置、学生规模等因素，合理配置辅导员资源，确保在不同层次和规模的高校都能够有足够的辅导员支持。加强辅导员的专业发展培训，提升其心理辅导、职业规划等专业技能，以更好地满足学生多元化的需求。

高校可建立跨学科合作机制，促使不同学科的辅导员进行深度合作，实现知识交流与共享，提高综合素质。利用人工智能、大数据等技术，为辅导员提供智能化的工具支持，优化学生信息管理、心理健康测评等方面的服务。

辅导员队伍可以通过更精准的学生信息管理和个性化服务，更好地满足学生个体差异化的需求。建立学生档案系统，记录学生的学科特长、心理健康状况、职业规划等信息，有针对性地开展个性化辅导。强调团队协同工作，促进辅导员之间的信息共享、经验传承和资源协同利用。建立有效的团队沟通机制，促进团队共同成长，提升辅导员队伍的整体实力。

高校应鼓励辅导员参与终身学习，不断提升自己的专业素养和工作能力。为辅导员提供学习资源和培训机会，使其保持在学科发展和教育理念方面的前瞻性。建立激励机制，根据辅导员的工作成效、专业发展等因素制定合理的薪酬、晋升和荣誉制度。同时，建立科学的评价体系，对辅导员的工作进行全面、客观的评估，为其提供发展方向。

辅导员队伍规模的扩大是高校教育中不可忽视的重要问题。当前，随着高校规模的扩大和学科专业的增加，辅导员队伍在数量和专业化方面都呈现出一系列的变化。然而，也面临一些问题和挑战，如任务与数量不匹配、专业化水平不均、资源分配不均衡等。未来，

---

① 杨玲．新时期高校辅导员工作与队伍建设研究［M］．沈阳：万卷出版有限责任公司，2023:168.

随着高校教育的深入发展和学科发展的跨学科融合，辅导员队伍将面临更高的要求和更多的发展机遇。

为了更好地适应新时代高校教育的需求，建议高校在辅导员队伍规模发展方面优化资源配置，强化专业化培训，建立跨学科合作机制，引入智能化工具，加强个性化服务，提升团队协同效能，鼓励终身学习，建立激励机制和评价体系。通过这些举措，可以进一步提升辅导员队伍的素质，更好地服务于学生的全面发展，推动高校教育的不断创新与进步。

二、结构性变化对队伍功能的影响

组织结构是一个团队或机构内部关系的框架，它直接影响到团队的协同效能、工作流程以及成员之间的沟通和合作。当组织结构发生结构性变化时，这可能对团队的功能产生深远的影响。本书将探讨结构性变化对队伍功能的影响，并分析在不同情境下可能产生的效果。

（一）结构性变化的类型

通过重新划分和调整层次结构，包括增加或减少管理层次、合并或拆分部门等来改变组织的层次结构。对任务分工进行重新规划，调整不同部门之间的协作机制，以适应新的工作要求。引入跨学科或跨团队的合作模式，促使不同专业或团队之间更好地协同工作。对权责和决策权限进行重新分配，使组织更灵活、更适应快速变化的环境。

（二）结构性变化对队伍功能的影响

通过层次结构调整和任务协作机制的调整，可以提升团队内部的协同效能。更清晰的层次结构和更合理的任务分工有助于提高工作效率，减少沟通误差。结构性变化使得组织更具适应性，能够更快速地应对外部环境的变化。通过灵活调整权责和决策权限，组织能够更灵活地适应市场、技术或政策等方面的变化。

引入跨学科或跨团队合作的结构性变化有助于激发创新。不同领域的专业人才汇聚在一起，有助于融合不同的思维方式，促进创新的产生。在结构性变化中，领导力和团队凝聚力可能会受到重新塑造。新的层次结构和决策权限分配需要领导者有更强的适应力和领导力，同时也需要团队成员更好地融入新的组织结构。结构性变化可能导致一些成员对工作环境的不适应，从而影响工作满意度。在一些情况下，成员可能感到不安、担忧或失业恐惧[①]。

---

① 丰硕. 高校辅导员队伍建设与工作制度发展研究 [M]. 长春：吉林出版集团股份有限公司，2022:122.

（三）结构性变化的实施挑战

结构性变化可能导致沟通不足，员工对变化的理解不一致，产生信息断层。缺乏有效的沟通机制可能阻碍结构性变化的顺利进行。部分员工可能对变化产生抵触情绪，担心失业、担心工作内容发生剧变等。这种抵触情绪可能导致员工的不合作和不满。

管理层在实施结构性变化时可能面临领导力不足、团队管理不善等挑战。需要有足够的领导经验和能力来应对复杂的变化过程。结构性变化可能导致不同团队、部门之间的组织文化冲突。不同文化的融合需要一定的时间和努力。

（四）结构性变化的成功实施策略

建立有效的沟通机制，确保变化的目标、过程和影响得到充分的传达和解释。及时回应员工的疑虑和问题，减少信息断层。在变化过程中，鼓励员工的参与和反馈。通过团队会议、座谈会等形式，收集员工的意见和建议，提高员工对变化的接受度。

为管理层提供领导力培训，帮助他们更好地应对变化带来的挑战。强调领导者的沟通、团队激励、问题解决等方面的能力。重视组织文化整合，通过建立共同的价值观、目标和规范，促使不同文化的团队更好地融合。

建立变化的反馈机制，定期评估变化的效果，并根据反馈结果进行调整和改进。通过持续的监测和反馈，组织可以更灵活地应对变化过程中出现的问题。建立一个强调适应性和学习的组织文化，使员工更容易适应和接受变化。鼓励员工持续学习和不断提升自己的适应性。

设计激励机制，以鼓励员工积极参与变化，并为其贡献和努力提供适当的奖励和认可。将整个变化过程分解为阶段性目标，逐步推进。这样可以减少员工的焦虑感，使变化过程更为可控。结构性变化是组织发展过程中不可避免的一部分，它既带来了新的机遇，也伴随着一系列挑战。对于队伍功能的影响，成功的结构性变化可以提升协同效能、激发创新、增强适应性，但同时也需要解决员工抵触情绪、沟通不足等问题。

在实施结构性变化时，组织需要制定有效的实施策略，包括建立良好的沟通机制、参与员工、培养适应性文化、设定阶段性目标等。通过这些策略的有机结合，组织可以更好地引导结构性变化，使其更加顺利和成功。最终，通过适应性的组织结构，团队可以更好地应对变化，不断提升工作效能和创新能力，推动组织朝着更加健康、可持续的方向发展。

三、辅导员队伍与学校规模的关系

辅导员是高校中负责学生思想政治教育、心理健康辅导、职业规划等工作的专业人员。学校规模的大小直接影响到学生数量和多样性，从而对辅导员队伍的规模和组织结构提出了一系列挑战。本书将探讨辅导员队伍与学校规模之间的关系，分析规模对辅导员工作的影响以及规模适配的策略。

（一）学校规模的不同类型

规模相对较小的学校，通常包括专科院校或规模较小的综合性大学。学科专业相对有限，师生关系较为密切。学生规模处于中等水平的学校，包括一些综合性大学和工科院校。学科设置较为广泛，师生关系适中。规模相对庞大的学校，如综合性大学、研究型大学等。学科专业丰富，师生关系相对疏远。

（二）辅导员队伍规模与学校规模的关系

1. 小规模学校

辅导员队伍相对较小，通常由少数专业辅导员和兼职辅导员组成。因学生规模有限，辅导员能够更深入了解每位学生，提供更为个性化的服务。师生关系更为紧密，沟通更为方便。资源相对有限，可能面临工作任务重、压力大的情况。需要辅导员具备更全面的能力，包括跨学科知识和综合素质[①]。

2. 中等规模学校

辅导员队伍规模适中，包括专业辅导员、心理辅导员等多个岗位。能够在专业领域进行深度发展，同时保持一定的师生互动。辅导员队伍相对灵活，能够更好地适应学校的发展需求。需要平衡专业化和全面发展，确保各个岗位的辅导员能够充分发挥作用。沟通与协同需要更为精细的管理。

3. 大规模学校

辅导员队伍规模较大，包括多个专业领域的辅导员和大量的兼职辅导员。能够覆盖更广泛的学科领域，提供更多样化的服务。可以通过团队合作和分工协作，满足大规模学生的需求。学科繁多可能导致辅导员队伍分散，需要更好的管理机制来保障协同效能。个性化服务难以深入每个学生。

（三）学校规模对辅导员工作的影响

1. 师生关系的特点

师生关系更为密切，辅导员更容易与学生建立深层次的沟通和信任关系，更能关注学生的个性化需求。师生关系相对平衡，辅导员既能够专注于个别学生，也需要面对更多学生的整体需求。师生关系相对疏远，辅导员更注重整体服务，难以深入了解每位学生的个性化需求。

---

① 丘进，卢黎歌. 机制·创新·长效：高校辅导员队伍建设研究 [M]. 西安：西安交通大学出版社，2012：19.

2.服务内容和方式的差异

更注重个性化服务，辅导员可能涉及更广泛的工作领域，包括心理辅导、职业规划等。服务内容相对均衡，辅导员能够在专业领域深耕，同时提供整体性服务。更注重整体服务，可能通过团队合作和分工来提供多样化的服务，辅导员更侧重于协同效能。

3.工作压力和任务量

由于学生规模较小，辅导员可能面临的工作压力相对较小，但由于任务相对全面，可能需要在多个领域发展能力。工作压力相对平均，辅导员需要在专业领域有所突破，同时能够应对整体性服务的需求，需要更全面的素质。由于学生众多，辅导员可能面临较大的工作压力，需要通过团队协作和高效分工来完成任务。同时，辅导员的工作可能更加专业化和细化。

（四）规模适配的策略

1.小规模学校的策略

辅导员需要具备多方面的能力，涉及思想政治教育、心理辅导、职业规划等领域。全面发展能力可以更好地满足小规模学校学生的多样化需求。由于涉及领域较广，需要定期进行专业培训，保持对各个领域的了解，提高工作水平。通过建立学生档案系统，记录学生的特长、需求等信息，实现更个性化的服务。

2.中等规模学校的策略

在专业领域进行深耕，成为某一领域的专家，提供更专业化的服务。建立团队合作机制，形成专业团队，通过分工协作提高整体服务水平。随着学科发展和学生需求的变化，持续学习和更新知识，保持对专业领域的敏感性。

3.大规模学校的策略

建立专业团队，实现团队合作和分工，提高服务效能。尽量通过智能化工具等手段，建立个性化服务机制，使得服务更贴近学生需求。建立高效的沟通机制和信息共享平台，确保团队成员之间能够充分协同合作。

学校规模对辅导员队伍的规模和工作方式都有一定影响，但并非规模越大越难管理，而是需要根据学校规模的不同选择不同的适配策略。在小规模学校，辅导员需具备全面发展的能力，通过定期培训和学生档案建立来提高服务水平。在中等规模学校，辅导员可专业化发展，同时建立团队合作机制。而在大规模学校，团队合作和高效沟通成为关键，同时需要建立个性化服务机制，更好地满足学生的多样化需求[①]。

在实践中，辅导员队伍应灵活应对学校规模的变化，不断优化工作模式和组织结构，

---

① 毛建平."互联网+"时代高校辅导员队伍建设研究 [M].天津：天津科学技术出版社，2017：98.

以更好地适应不同规模学校的需求，为学生提供更全面、个性化的服务，推动学生综合素质的全面发展。

第二节　辅导员队伍的学科背景与新型专业素养

一、学科结构的多元化与专业发展

学科结构的多元化是指在一个学校或教育机构中，涉及各种不同的学科领域和专业方向。随着社会的发展和知识的不断积累，学科结构的多元化成为高校的普遍趋势。本书将探讨学科结构的多元化对专业发展的影响，分析多元化背景下的专业发展特点以及应对策略。

（一）学科结构的多元化背景

随着社会经济的发展，对各种专业人才的需求日益多样化。新兴产业、科技创新等领域对不同学科的需求逐渐增加。学科之间的交叉与融合成为越来越普遍的现象。新兴学科的出现，使得原本独立的学科领域之间产生了更多的交叉点。

全球化使得知识的传播和交流更加频繁，各国之间的学科研究也更加密切。这促使学科结构更趋向于国际化、多元化。产业结构的变化引发了对各类专业人才的需求变化，不同专业在市场中的竞争力也受到了挑战。

（二）学科结构多元化对专业发展的影响

学科结构的多元化为跨学科合作提供了更多机会。不同专业之间的交叉与融合有助于创新和新知识的产生。学科多元化使得教育机构能够更好地满足社会对不同领域专业人才的多元化需求[1]。

学科结构多元化可能导致知识领域的碎片化，使得专业人才需要在狭窄的领域内深耕，难以涵盖更广泛的知识。专业领域的多元化也带来了职业发展的不确定性，某些专业可能因市场需求变化而面临就业挑战。

（三）多元化背景下的专业发展特点

由于学科结构的多元化，不同学科之间的交叉与融合成为常态。专业人才需要具备跨学科的综合能力，能够在不同领域中进行协同工作。专业发展不再是一劳永逸的事情，而

---

① 郑利群．高校辅导员队伍素质能力提升策略研究［M］．秦皇岛：燕山大学出版社，2022：88.

是需要不断进行终身学习的过程。新知识的涌现使得专业人才需要保持敏感性和学习意识。

多元化的学科结构带来了职业领域的多样性，专业人才需要具备灵活的职业规划意识，能够适应市场和行业的变化。学科多元化强调技术与人文的融合，不仅需要专业人才具备科技领域的专业知识，还需要具备人文素养，能够更好地服务社会。

（四）应对学科结构多元化的专业发展策略

针对学科交叉与融合的趋势，教育机构应重视跨学科综合能力的培养，帮助专业人才更好地在不同学科领域中协同工作。建立终身学习的文化，鼓励专业人才在工作的同时不断学习新知识，保持对行业发展的敏感性。在专业发展中注重实际应用与问题解决，使专业人才具备更强的实践能力，能够更好地适应多元化的职业需求。

提倡灵活的职业规划，鼓励专业人才根据市场需求和个人兴趣进行调整，更好地适应职业发展的变化。在技术与人文并重的理念下，注重培养专业人才的人文素养，使其在专业领域中能够更好地服务社会，具备更广阔的视野。

学科结构的多元化是教育发展的必然趋势，对于专业发展提出了新的挑战和机遇。在多元化背景下，专业人才需要具备跨学科的综合能力、终身学习的意识、灵活的职业规划能力，同时强调技术与人文的并重。教育机构应积极应对这些挑战，通过培养综合素质、提倡终身学习、聚焦实际应用与解决问题等策略，促使专业人才更好地适应多元化的学科结构，为社会提供更全面、创新的服务。未来，随着知识的不断更新和社会的发展，专业发展的策略也将不断调整，以适应新的挑战和变化。

二、新型专业素养在现代高校中的需求

随着社会的不断发展和科技的飞速进步，高校作为培养人才的重要阵地，对学生的专业素养提出了更高的要求。传统的专业素养已经不能满足现代社会的需求，因此新型专业素养应运而生。本书将探讨新型专业素养在现代高校中的需求，分析其内涵、重要性以及培养策略。

（一）新型专业素养的内涵

新型专业素养要求学生能够在不同学科领域中有一定的涉猎和理解，具备跨学科的综合能力。这种能力使得学生能够更好地解决跨学科问题，应对复杂多样的挑战。新型专业素养强调学生具备创新思维和创业精神。不仅要具备解决问题的能力，更要能够在实际中提出新的理念、新的方法，并有勇气将其付诸实践。

随着信息技术的发展，学生需要具备良好的信息素养，包括信息搜集、处理、分析和利用的能力。这是现代社会对专业人才的基本要求。全球化的背景下，学生需要具备跨文

化交流与合作的能力。这包括语言沟通、文化适应和多元团队协作等方面的素养。学生要具备责任意识，认识到自己的行为对社会和环境的影响。同时，要有社会责任感，能够为社会做出积极的贡献。

（二）新型专业素养在现代高校中的需求

现代社会对职业人才的需求日益多样化，新型专业素养使得学生更好地适应未来职业的发展趋势。跨学科能力、创新思维等都是未来职场中的重要竞争力。新型专业素养要求学生具备更强的问题解决能力。在快速变化的社会中，学生需要能够迅速应对各种问题，并找到创新的解决方案。传统的专业素养侧重于学科知识的掌握，而新型专业素养更注重学生的全面发展。在培养跨学科综合能力的同时，也注重学生的心理健康、团队协作等方面的素养。

全球化的发展要求专业人才具备国际视野。跨文化交流与合作的素养使得学生更容易适应国际化的学术和职业环境。拥有新型专业素养的学生更容易在激烈的社会竞争中脱颖而出。创新能力、团队协作能力等是企业和组织愿意看重的素养。

（三）培养新型专业素养的策略

设计跨学科的教学课程，鼓励学生在不同学科领域中学习，促进跨学科综合能力的培养。鼓励学生参与创新项目和实践活动，培养其创新思维和实践能力。这包括科研项目、创业项目等。强调信息素养的培养，包括信息搜索、信息分析、数据处理等方面的能力。推动学校信息技术的广泛应用[①]。

鼓励学生参与国际交流与合作项目，提高其跨文化交流与合作的能力。建立国际化的教育合作平台。提倡学生参与社会实践和服务学习，培养其责任意识和社会责任感。将课堂学习与社会实践相结合。新型专业素养在现代高校中的需求是适应社会发展的必然选择。它既强调学科知识的深度，又注重学生的全面发展。培养新型专业素养需要学校、教育机构和社会的共同努力，通过创设跨学科教学环境、开展创新项目和实践活动、注重信息技术教育、开展国际交流与合作、强化社会实践与服务学习等策略，使学生在校园生活中能够更好地培养和发展这些新型专业素养。

三、学科交叉对队伍综合素质的影响

学科交叉作为一种跨越学科边界的合作方式，在当今社会和科技发展的背景下越发受到关注。这种交叉不仅在学术研究中有着重要的作用，同时也对队伍的综合素质产生深远

---

①　张兴雪，刘怀刚．"互联网＋"时代高校辅导员队伍建设系统工程研究［M］．北京：九州出版社，2022：64．

的影响。本书将探讨学科交叉对队伍综合素质的影响，包括其背景、影响因素以及对队伍发展的启示。

（一）学科交叉的背景

随着科技的不断发展，各个学科领域之间的知识边界变得越来越模糊。许多创新的问题需要跨学科的知识融合来解决，促使学科之间的交叉合作成为必然选择。许多社会和科技问题都变得越来越复杂，不能仅仅通过单一学科的视角来解决。学科交叉可以提供更全面、多元的视角，帮助应对复杂问题。

跨领域的合作已经成为科学研究和创新的主流趋势。政府、企业和学术机构纷纷倡导学科交叉，通过整合资源和力量来推动创新和发展。

（二）学科交叉对队伍综合素质的影响因素

学科交叉要求队伍成员不仅要有在自己专业领域的深度知识，还要具备跨学科领域的广度知识。这对于个体成员来说是一种挑战，需要在广度与深度之间找到平衡。学科交叉往往涉及不同专业背景的人员，需要队伍成员具备良好的团队协作和沟通能力。这包括理解其他专业领域的语言和思维方式，以及有效地进行跨学科的合作。

学科交叉通常涉及对新问题、新挑战的解决，需要队伍成员具备创新思维和问题解决的能力。这要求他们能够跨越传统学科的边界，寻找新的解决方案。学科交叉往往伴随着领域知识的不断更新和变化。队伍成员需要具备适应快速变化的能力，及时吸收新知识，保持对学科交叉领域的敏感性。

（三）学科交叉对队伍综合素质的积极影响

学科交叉带来了不同学科领域的融合，使得队伍成员能够拓宽视野，深化思维。通过接触不同领域的知识，队伍成员能够更全面地理解问题，提升解决问题的深度。学科交叉为创新提供了土壤。不同学科的碰撞和交流常常催生新的思想和方法，促进创新的发生。这对于解决复杂问题和取得新的研究发现具有积极的推动作用[①]。

学科交叉培养了队伍成员的综合素质，使其不仅在自己专业领域有竞争力，同时在跨学科领域也能够表现出色。使队伍成员在职场中更具竞争力。学科交叉强调多学科背景的团队协作。在这样的环境中，队伍成员需要共同协作、共同创新，促进了共创性团队文化的形成。

（四）学科交叉对队伍发展的启示

鼓励建设具有多学科背景的团队，让不同领域的专业人才共同参与项目，从而形成更

---

① 柏杨. 改革开放以来高校辅导员队伍建设研究 [M]. 成都：西南交通大学出版社，2018:95.

全面、更富创造性的队伍。在项目申报和科研资助方面，鼓励学科融合的研究项目，促进不同领域的专业人员进行更深层次的合作。

在队伍中加强团队协作培训，提升成员的协作与沟通能力。培养团队成员具备理解不同学科语言的能力，促进跨学科合作更加顺畅。在学校或研究机构内建立学科交叉的平台，为不同学科的研究人员提供交流合作的机会。通过定期的学术讨论、交流会议等形式，促进知识的交流和合作。

在教育体系中倡导跨学科的教学方式，让学生在课堂上接触不同学科的知识，培养他们具备跨学科综合能力。鼓励团队成员参与实践项目和创新活动，提高其实际问题解决和创新能力。在实践过程中，不同学科的专业知识得以结合，促使团队在实际应用中发挥更大的作用。

（五）挑战与应对

不同学科之间存在着语言和理念的差异，可能导致团队成员在交流中遇到理解的难题。应对策略是加强团队成员的沟通技能培训，建立共同的交流平台，促使队伍成员更好地理解彼此。跨学科团队的管理可能更为复杂，需要领导者具备更强的协调和组织能力。应对策略是建立清晰的项目管理流程，确保信息畅通，有效分工，使团队协作更高效。

不同学科的专业人员在解决问题时可能有不同的思路和方法，可能导致创新冲突。应对策略是鼓励开放的讨论氛围，促使团队成员在冲突中找到更好的解决方案。

学科交叉对队伍综合素质的影响是多方面而深刻的。它能够拓宽视野、促进创新、提升综合素质与竞争力，并推动团队协作与共创。为了更好地发挥学科交叉的优势，应当建设跨学科团队，推动学科融合的研究项目，加强团队协作培训，设立学科交叉平台，倡导跨学科教学，加强实践与创新。同时，应对学科交叉可能带来的挑战做好充分准备，以确保团队协作的顺利进行。通过这些努力，可以更好地推动学科交叉的发展，为解决复杂问题和促进科学创新提供更多可能性。

第三节 工作负荷与新时代职业满意度

一、辅导员工作负荷的现状分析

辅导员作为高校中一支重要的管理和服务队伍，承担着学生生活、学业、心理等多方面的工作。然而，随着高校规模的扩大和社会需求的增加，辅导员的工作负荷也逐渐成为一个备受关注的问题。本书将对辅导员工作负荷的现状进行分析，从工作内容、数量、压力源等方面入手，探讨背后的原因和可能的解决途径。

（一）辅导员的工作内容

宿舍管理、生活指导、卫生安全等方面的工作。辅导员需要关注学生的日常生活，确保他们的安全和健康。选课指导、学业规划、课程辅导等方面的工作。辅导员需要帮助学生解决学业中的问题，提供学术支持。心理咨询、心理辅导、心理健康教育等方面的工作。辅导员需要关注学生的心理状态，帮助他们解决心理问题。包括职业规划、实习推荐、就业辅导等方面的工作。辅导员需要帮助学生更好地面对职业发展和就业挑战。各类文体活动、社团管理、志愿服务等方面的工作。辅导员需要促进学生参与社会活动，提高综合素质。

（二）辅导员的工作数量

随着高校规模的扩大，每位辅导员需要负责的学生数量逐渐增加。这使得他们在学生管理、服务等方面的工作负担加重。辅导员的工作任务不仅仅包括学生管理，还涉及学业辅导、心理健康服务、就业指导等多个方面。这使得他们需要具备多方面的知识和技能，增加了工作的难度[①]。

随着社会对高校教育的要求不断提高，辅导员需要承担更多的社会责任，如参与学生就业工作、社会服务等，使得工作任务更加繁重。

（三）辅导员工作的压力源

由于工作任务繁多，辅导员常常需要加班加点，时间压力较大。特别是在关键时期，如学期初、期末、招生阶段等，工作量更是集中。处理学生的个案问题、应对突发事件、面对各类复杂情况，辅导员面临的心理压力较大。同时，与学生之间的关系也可能对其产生情绪上的压力。

辅导员通常对学生的成长和发展负有较强的责任感，希望能够为每位学生提供最好的帮助。这种责任感可能导致辅导员过度投入工作，产生工作压力。

（四）辅导员工作负荷的原因分析

随着高校规模的不断扩大，学生数量激增，辅导员的工作量也相应增加。单个辅导员需要负责的学生数量多，导致工作负荷加大。辅导员的工作不再局限于传统的生活管理和学业辅导，还涉及更多元化的任务，如心理健康服务、就业指导等。这使得辅导员需要具备更多的专业知识和技能，工作任务更为繁重。

社会对高校辅导员的要求不断提高，需要他们在更多方面发挥作用，如参与学科交叉、社会服务等。这增加了辅导员的工作压力。有些高校在辅导员体系建设和管理方面存在不

---

① 贝静红．高校辅导员队伍专业化发展研究［M］．武汉：武汉大学出版社，2016：128.

足，导致辅导员工作时缺乏有效的支持和资源。这使得辅导员在工作中面临更多的困难。

（五）辅导员工作负荷的可能解决途径

高校可以通过建设更加紧密的辅导员团队，加强团队协作，实现资源共享，降低个体辅导员的工作压力。针对辅导员工作中涉及的多元化任务，高校可以提供相关的专业培训，提升辅导员的综合素质和应对多样化任务的能力。通过培训，辅导员可以更好地适应工作变化，提升综合素养。

高校可以通过合理的分工，将不同领域的工作分配给专业对口的辅导员。这样可以充分发挥个体辅导员的专业优势，提高工作效率。学校管理部门应当建设完善的支持体系，为辅导员提供必要的支持和资源。这包括提供专业工作人员、先进的管理系统、合理的工作场所等。

高校可以设立辅导员职业发展通道，为辅导员提供更多的职业发展机会。通过晋升、评优等方式激励辅导员更好地发挥作用。高校可以建立学科交叉的团队，让不同学科领域的专业人员共同参与学生的综合素质教育。这样可以通过团队的合作，分担辅导员的工作负荷。

学校管理部门应当倡导合理的工作时间，避免辅导员因工作压力过大而超负荷加班。合理的工作时间安排有助于保持工作的高效性。学校可以建立学科交叉的平台，促进不同专业的教职工共同参与学生的管理与服务工作。通过合作，可以更好地整合资源，提高工作效率。

辅导员作为高校管理和服务的中坚力量，承担着重要的学生管理和服务任务。然而，随着高校规模的扩大和社会需求的增加，辅导员的工作负荷逐渐成为一个亟待解决的问题。通过加强团队协作、提供专业培训、合理分工、建设支持体系等多种途径，可以有效缓解辅导员的工作压力，提升工作效率。高校管理部门应当关注辅导员的职业发展和工作条件，为其提供更好的支持和保障，共同推动高校管理和服务水平的提升。只有通过全社会的努力，才能够实现对辅导员工作负荷问题的有效解决，为高校教育提供更优质的服务。

二、职业满意度的调查与评估

职业满意度是指个体对其工作及工作环境的全面感受，包括对工作内容、工作条件、工作人际关系、职业发展等方面的满意度。对于教育机构中的工作人员，如教师、辅导员等，职业满意度的高低直接关系到其工作质量和生活幸福感。本书将对职业满意度的调查与评估进行探讨，分析影响职业满意度的因素以及提升职业满意度的策略。

（一）职业满意度的影响因素

工作内容直接关系到个体在工作中的兴趣和投入度。如果工作内容与个体的专业背景和兴趣相符，能够充分发挥其专业能力，那么职业满意度通常较高。

工作条件包括工作环境、薪酬待遇、福利等方面。良好的工作条件可以提升个体的工作满意度，而不良的工作条件则可能导致职业不满。与同事、领导、学生等的良好关系对于职业满意度至关重要。良好的人际关系能够增强工作的愉悦感，而紧张的人际关系则可能成为职业不满的原因[①]。

个体对于职业发展的期望和实际机会是否匹配，直接关系到其对工作的长期满意度。有明确的职业发展路径和机会通常会提高个体的职业满意度。适度的工作压力对于激发个体的工作动力是有益的，但过大的工作压力可能导致职业不满。工作压力来源于工作任务的重复性、紧迫性以及工作环境的复杂性等。个体对于自己所从事的职业的认同感也是影响职业满意度的重要因素。对于自己的工作感到自豪和认同通常能够提升职业满意度。

（二）职业满意度的调查方法

通过设计职业满意度的问卷，包括对工作内容、工作条件、人际关系、职业发展等方面的问题，对工作人员进行定量调查。通过与工作人员进行深度访谈，了解其对工作的真实感受和期望。深度访谈可以更全面地掌握个体的职业满意度。

将一组工作人员聚集在一起，进行开放性的小组讨论。通过小组互动，获取工作人员在团队氛围中的真实感受。建立员工反馈系统，定期收集和分析工作人员的意见和建议。通过系统化的反馈，及时发现和解决问题。

将职业满意度纳入绩效评估体系，使其成为对工作人员绩效的一项考核指标。这有助于激励个体提高职业满意度。

（三）提升职业满意度的策略

为工作人员提供良好的职业发展机会，包括培训、晋升通道、学术研究等。让工作人员感受到自己在组织中的价值和未来的发展空间。关注工作环境、薪酬待遇、福利等方面，努力改善工作条件。这包括提供良好的办公设施、合理的薪酬水平、完善的福利体系等。

通过团队建设活动，促进团队成员之间的沟通和合作。建立良好的团队氛围，有助于缓解工作压力，提升职业满意度。建立职业导师制度，为新员工提供指导和支持，帮助他们更好地融入工作环境，了解职业发展路径，增强对工作的认同感。

加强人际沟通和团队协作，建立和谐的工作氛围。通过团队活动、交流会议等方式，

① 贝静红. 高校辅导员队伍专业化发展研究 [M]. 武汉：武汉大学出版社，2016:130.

促进同事之间的良好关系,降低工作冲突,提升职业满意度。设立一定的工作荣誉奖励机制,如员工月度优秀奖、团队卓越奖等。这可以激发工作人员的工作积极性,提高职业满意度。

组织定期的员工培训,不仅有助于提升个体的专业水平,也能够使其对工作充满热情。不断学习和成长是提升职业满意度的有效途径。鼓励工作人员注重工作与生活的平衡,避免长时间的加班和工作压力过大。提供弹性工作制度,让员工更好地安排工作和生活。

设立员工意见箱、定期组织员工座谈会等方式,主动收集员工的建议和意见。及时解决问题,增强员工对组织的信任感,提高职业满意度。鼓励领导和员工之间进行开放、透明的沟通。及时向员工传递组织的决策信息,增加员工对组织的参与感,提高职业满意度。

(四)职业满意度的评估指标体系

包括对工作任务、工作挑战、工作兴趣等方面的满意度,对工作环境、薪酬待遇、福利水平等方面的满意度,与同事、领导、下属之间的关系满意度,对职业发展机会、晋升通道、学术研究等方面的满意度,对工作任务压力、工作时间压力、工作环境压力等方面的满意度,对所从事职业的认同感和自豪感,对个体在组织中的绩效评价的满意度,对培训机会、学习氛围、个人成长空间等方面的满意度,等等。

职业满意度直接关系到工作人员的工作质量和生活幸福感,是一个综合性的指标。通过科学合理的调查与评估方法,可以更好地了解工作人员的实际需求和期望,制定有效的提升策略。提升职业满意度需要组织关注工作人员的工作内容、工作条件、人际关系等多个方面,为其提供良好的工作环境和发展机会。通过建立健全的评估体系,及时发现和解决问题,促进组织和工作人员的共同发展。

三、工作压力对辅导员队伍的影响

辅导员作为高校中负责学生生活、学业、心理健康等方面工作的专业人员,承担着重要的教育职责。然而,由于学生问题的复杂性、工作任务的多样性以及社会期望的增加,辅导员队伍往往面临着较大的工作压力。本书将探讨工作压力对辅导员队伍的影响,分析其产生的原因以及可能的缓解策略。

(一)工作压力的来源

学生的成长、发展和问题处理往往具有复杂性和多样性,辅导员需要面对各种不同背景、需求和情境的学生问题,这使得工作任务更加繁重。辅导员的工作不仅包括学生生活管理,还涉及学业辅导、心理健康服务、就业指导等多个方面。不同领域的工作任务需要辅导员具备多方面的专业知识和技能,增加了工作的难度。

随着社会对教育的要求不断提高,辅导员不仅要完成传统的学生管理任务,还需要参与学科交叉、社会服务等更多领域的工作。这增加了辅导员的工作压力。辅导员的工作时间通常不固定，可能需要在晚上、周末等非常规时间参与工作。长时间的工作以及不规律的工作时间也是工作压力的来源。

除了与学生的沟通，辅导员还需要与家长和社会保持紧密联系，解释学校政策、回应社会关切，这也是一种工作压力。

（二）工作压力对辅导员队伍的影响

长期面对学生问题、繁重的工作任务以及与家长社会的沟通，可能导致辅导员身心健康受损，出现焦虑、抑郁等问题。

长期承受较大的工作压力可能使辅导员的工作满意度下降。工作满意度降低可能影响辅导员的工作积极性和投入度。长期的工作压力可能影响辅导员的工作质量，降低其对学生问题的处理效率和质量，进而影响学生的成长发展。

工作压力可能导致辅导员在团队合作中表现不佳，沟通不畅、合作意愿减弱，影响整个辅导员队伍的协同效能。长期的工作压力可能导致辅导员出现职业倦怠感，对工作失去兴趣和激情，降低了持续从事辅导员工作的积极性。

（三）缓解工作压力的策略

通过提供专业培训，使辅导员更好地掌握学科知识、心理咨询技能等专业技能，提高其应对学生问题的能力，减轻工作压力。在辅导员队伍中，可以根据个体的专业特长和兴趣，进行合理的工作分工。明确各个辅导员的职责，避免一个人承担过多的任务，减轻工作压力[①]。

学校可以通过建立健康的工作氛围，鼓励团队合作，支持员工互相帮助。共享资源和经验，减轻个体的工作负担。学校可以建立心理健康支持体系，为辅导员提供心理咨询服务，帮助他们应对工作压力带来的心理负担，保持良好的心理状态。

学校管理部门可以制定合理的工作时间安排，避免过长的工作时间和频繁的加班。合理的工作时间安排有助于维持辅导员的工作生活平衡。学校可以鼓励辅导员队伍进行团队沟通，分享工作经验、解决问题。通过团队的协同合作，可以有效减轻个体的工作压力。

学校可以设立奖励机制，对工作表现突出的辅导员进行奖励，提高其工作积极性和满意度。奖励不仅可以是物质上的，也可以是荣誉性的。学校应该重视辅导员的工作条件，提供良好的办公设施、完善的工作环境，使辅导员能够更好地投入到工作中。辅导员可以通过制订科学的工作计划，合理安排工作任务的优先级，提高工作效率，减轻工作压力。

辅导员个体也需要加强自我管理，学会合理分配工作和生活的时间，保持积极乐观的

---

① 贝静红. 高校辅导员队伍专业化发展研究 [M]. 武汉：武汉大学出版社，2016:63.

心态，增强应对工作压力的抵抗力。

工作压力是辅导员队伍面临的普遍问题，其来源复杂多样，包括学生问题的复杂性、工作任务的多样性、社会期望的增加等。长期的工作压力可能对辅导员的身心健康、工作满意度、工作质量等产生负面影响。为了减轻工作压力，学校和辅导员队伍可以采取一系列的策略，如提供专业培训、合理分工、建立健康的工作氛围、提供心理健康支持等。通过综合施策，可以提高辅导员队伍的整体素质，更好地为学生提供全方位的教育服务。在未来的工作中，学校和辅导员队伍需要共同努力，不断优化工作环境和支持体系，共同促进高校教育事业的健康发展。

第四节　新时代专业发展机会与挑战

一、专业发展机会的多样化与拓展

在当今高教竞争激烈的背景下，教育工作者，尤其是辅导员，需要不断提升自身的专业素养和适应能力。专业发展机会的多样化与拓展成为辅导员队伍关注的焦点之一。本书将探讨专业发展机会的多样性，分析拓展机会的重要性以及实现多样化专业发展的策略。

（一）专业发展机会的多样性

辅导员可以通过深入学科研究，参与教育科研项目，提升自己在相关领域的学科水平。这有助于辅导员更好地理解学科发展趋势，为学生提供更具前瞻性的指导。针对学生的心理问题，辅导员可以接受心理咨询与辅导培训，提升心理辅导的专业水平。这对于更好地理解和解决学生心理问题至关重要。

辅导员可以参与职业规划与就业服务领域，学习相关的职业规划理论和方法，提高自身对学生就业指导的水平，更好地帮助学生实现职业发展。参与团队合作和领导力培养项目，可以帮助辅导员更好地组织和协调团队工作，提升领导力，适应高校管理的多元化要求。

辅导员可以积极参与社会服务和社区活动，拓展社会资源，促进学校与社会的互动。这有助于辅导员更好地融入社会，拓展职业网络。通过跨学科的合作项目，辅导员可以与其他专业领域的教育工作者共同合作，拓展自己的专业视野，提升综合素质。

参加继续教育和培训课程，可以帮助辅导员跟上教育领域的最新发展，不断更新自己的知识体系，提高专业素养。申请或参与科研项目和课题研究，有助于辅导员深入学科领域，提高独立科研能力，为学校的科研工作做出贡献。

（二）拓展机会的重要性

教育领域的发展日新月异，辅导员需要拓展不同领域的专业知识，以更好地适应教育发展的需求，提升服务水平。参与多样化的专业发展机会，有助于辅导员拓宽自己的职业发展路径，提高职业竞争力，更好地应对未来职业挑战。

多样化的专业发展机会可以帮助辅导员提升综合素质，包括领导力、沟通能力、团队协作能力等，使其更全面地服务学校和学生。不同的专业发展机会可以满足辅导员个体的兴趣和需求，增强工作的主动性和积极性，提升个人职业满意度。

参与多样化的专业发展机会有助于促进学科交叉，拓展不同学科领域之间的合作，为学生提供更丰富的学科资源。

（三）实现多样化专业发展的策略

辅导员可以制定个人职业规划，明确职业发展目标，根据个人兴趣和职业方向选择不同的专业发展机会。主动参与各类培训课程，包括学科研究、心理咨询、领导力培训等，不断提升自己的专业素养。培训课程不仅可以提供新知识，还能拓展辅导员的职业视野，增加专业技能。

在不同领域之间寻找交叉的机会，参与跨学科合作项目，与其他专业领域的教育工作者合作，拓展自己的专业领域。积极申请或参与科研项目，深入研究学科问题，提升科研能力。科研项目既可以拓展辅导员的学科知识，也有助于提高独立科研的水平。

积极参与社会服务和社区活动，拓展社会资源，建立良好的社会关系网络。社会服务经验不仅有益于学校与社会的互动，也为辅导员提供了更广泛的专业发展机会。与其他高校、科研机构建立学术合作关系，参与学术交流、研讨会等活动，增加学术影响力，促进专业发展[1]。

通过参与团队合作、领导力培养等项目，注重个体综合素质的培养。提高沟通能力、团队协作能力等综合素质，更好地胜任多样化的工作任务。利用在线资源，参与网络研讨、在线课程等，获取不同领域的知识。互联网时代为辅导员提供了更多获取信息和学习的机会。

建立个人专业发展档案，记录自己的培训经历、参与项目、学术研究成果等。通过不断更新档案，全面了解自己的专业发展路径。寻找导师和 mentee 机会：寻找具有丰富经验的导师，向其请教经验、学习专业知识。同时，也可以担任 mentee，分享自己的专业经验，促进双向学习。

专业发展机会的多样化与拓展对于辅导员队伍的发展至关重要。通过积极参与各类培

① 贝静红．高校辅导员队伍专业化发展研究［M］．武汉：武汉大学出版社，2016:67．

训、申请科研项目、参与社会服务等方式，辅导员可以不断提升自身的专业素养，适应教育发展的需求。实现多样化专业发展需要辅导员具备积极主动的学习态度和求知欲望，建立明确的职业规划，不断拓展自己的职业网络。在未来的工作中，高校和辅导员队伍需要共同努力，为辅导员提供更多的专业发展机会，共同推动高校教育事业的健康发展。

二、新时代的专业发展挑战与应对策略

随着社会的发展和教育环境的变化，辅导员作为高校中的重要职业群体，面临着新时代的专业发展挑战。新时代要求辅导员具备更高水平的专业素养，更全面的服务能力，同时应对新的社会、科技、教育等方面的挑战。本书将探讨新时代下辅导员专业发展面临的挑战，并提出应对策略。

（一）新时代的专业发展挑战

随着学科发展的多元化，辅导员需要更广泛的学科知识，以更好地适应不同学科领域的学生需求，提供更专业化的服务。信息技术的不断更新，给辅导员提出更高的技术素养要求。从在线辅导到教学平台的运用，辅导员需要适应信息时代的教育模式，提高数字化服务水平[①]。

社会问题的多样性和复杂性对辅导员提出了更高的要求，例如心理健康问题、性别平等问题等，需要辅导员具备更全面的服务能力。学生对于职业规划的需求多样化，辅导员需要了解不同行业的发展趋势，提供更具体、个性化的职业规划咨询。

社交媒体的盛行对学生的信息获取和社交行为产生影响，辅导员需要更好地理解和引导学生在社交媒体上的行为，提供相应的网络素养培训。随着国际化教育的发展，辅导员需要提供更全面、贴近国际学生需求的服务，包括国际学生的文化适应、学术规范等方面。

高校管理体制的变革可能带来组织结构和管理模式的变化，辅导员需要适应新的管理环境，更好地融入新时代高校的管理体系。

（二）应对新时代专业发展挑战的策略

面对多元化的学科发展，辅导员可以通过跨学科学习，参与相关学科领域的培训和研讨会，提高自身的学科广度，更好地服务学生的多元需求。针对信息技术的快速发展，学校可以为辅导员提供数字化素养培训，包括在线教育工具的使用、信息安全等方面的培训，提升数字化服务水平。

针对社会关切的复杂性，辅导员需要建立终身学习的机制，通过不断参与专业培训、

---

① 罗华丽. 高校思想政治理论课教师与辅导员队伍协同育人优化研究 [M]. 天津：天津人民出版社，2023：54.

学术研讨，保持对社会问题的敏感性。针对职业规划的多元化，学校可以建设专业导师团队，吸纳不同领域、不同行业的专业导师，提供更多元的职业规划服务。针对社交媒体的影响，辅导员可以接受网络素养培训，了解社交媒体的最新动态，更好地引导学生在网络空间中的合理行为。

针对全球化背景下的国际化服务，学校可以组织相关培训，提供国际化服务的知识和技能，使辅导员更好地适应国际学生的需求。针对高校管理体制的变革，辅导员可以积极组织参与高校管理研讨会，深入了解管理体制的变化，为自己的工作提供更好的方向。针对社会问题的复杂性，辅导员可以建设社会资源网络，与心理咨询机构、社会工作组织等建立合作关系，提供更全面的服务。

针对多元化的专业发展挑战，辅导员可以倡导团队协作，与不同专业背景的同事合作，共同解决复杂问题，提高服务水平。针对全球化和社会关切，辅导员可以积极参与社区建设，与社区居民建立联系，了解社区的需求，提供相关服务。辅导员可以积极参与学校专业发展政策的制定，提出建议，推动政策更好地符合实际需求，为专业发展提供更好的制度支持[1]。

学校可以建设专业发展平台，提供在线学习资源、培训课程、学术研讨等，为辅导员提供更便捷的专业发展途径。新时代的专业发展挑战对辅导员提出了更高的要求，需要他们具备更广泛的学科知识、更全面的服务能力，同时适应信息技术、社会变革等多方面的发展。通过跨学科学习、数字化素养培训、终身学习机制的建设，辅导员可以更好地适应学科发展的多元化，提高服务的专业水平。此外，建设专业导师团队、推动专业发展政策、建设专业发展平台等措施也有助于辅导员更好地应对新时代的专业发展挑战。在未来的工作中，辅导员需要保持敏锐的学习意识，不断更新知识和提升能力，与时俱进，为学生提供更贴近实际需求的服务，共同推动高校教育事业的不断发展。

三、学科领域发展对辅导员专业机会的影响

学科领域的不断发展是高等教育体系中的重要特征之一。随着社会的不断变革和科技的飞速发展，各个学科都在不断演变和壮大。这对于辅导员的专业机会产生了深远的影响。本书将探讨学科领域发展对辅导员专业机会的影响，分析其在专业发展、职业路径和服务能力等方面的变化，并提出应对策略。

---

① 陈蕾，时学梅，买买提江·依明. 高校辅导员队伍建设与职业化发展 [M]. 延吉: 延边大学出版社，2021:23.

（一）学科领域发展的特点

随着社会需求的不断增长，新兴学科层出不穷。从传统的文理科到新兴的交叉学科，学科领域呈现出丰富多样的态势。学科之间的交叉合作逐渐成为学术研究的新趋势。跨学科的研究项目涌现，需要辅导员具备更广泛的知识面和合作能力。

科技创新对学科的发展起到推动作用，不断涌现的新技术、新理论需要辅导员具备相关领域的专业知识，以更好地服务学生。在全球化趋势下，对比较性研究的需求增加。辅导员需要关注国际学科发展，提供更全球化的服务。

（二）学科领域发展对辅导员专业机会的影响

学科领域的多元化导致辅导员对于不同学科的专业知识需求的变化。传统的文理科知识已不再满足学生的需求，辅导员需要不断学习适应新兴学科的知识。跨学科研究的兴起为辅导员提供了更多的合作机会。参与跨学科项目，不仅拓展了辅导员的专业视野，也提高了其在学科交叉领域的影响力。

学科领域的科技创新为辅导员的职业发展带来新的机遇。可以通过参与科研项目、科技创新活动，提升自身在相关领域的专业声望。在全球化背景下，学科领域的发展使得辅导员更容易参与国际合作项目，为学生提供全球化的职业发展咨询和服务。随着新兴学科的兴起，辅导员在新领域中有机会探索新的职业路径，例如新型职业规划师、创新创业导师等。

（三）应对学科领域发展的策略

面对学科领域的多元化，辅导员需要保持持续学习的态度，及时更新自己的知识储备，以更好地适应学科发展的需求。积极参与跨学科合作项目，与其他学科领域的教育工作者合作，提升自己在交叉学科领域的专业影响力。投身科研项目，关注学科领域的创新成果，通过科研活动提高自身在学科发展中的专业水平。

加深对国际学科领域的了解，参与国际合作项目，建立国际化的学术交流平台，为全球化服务提供更有力的支持。在新兴领域中寻找职业发展的机会，可以探索新的职业路径，如参与创新创业项目，为学科领域的专业发展贡献力量。学科领域的发展对于辅导员的专业机会产生了深远的影响。适应学科的多元化、积极参与跨学科合作、关注科技创新、拓宽国际视野，以及在新兴领域中寻找职业发展路径等策略，将有助于辅导员更好地适应学科发展的新趋势，提升专业水平，为学生提供更全面、专业的服务。

在不断变化的学科发展环境中，辅导员需要具备不断学习的能力和积极的适应性，不仅关注传统学科的发展，还要关注新兴学科的兴起。此外，跨学科合作和全球化服务也是辅导员拓展专业机会的有效途径。通过与不同学科、国际合作伙伴的合作，辅导员能够更好地理解学科发展的趋势，提高职业发展的广度和深度。

在学科领域发展对辅导员专业机会的影响中，持续关注社会变革、科技创新的最新动态，积极参与学术交流、研讨会等活动，建立行业关系网络，将有助于辅导员在专业领域中保持竞争力。同时，学校和相关机构也应提供相应的培训和支持，鼓励辅导员参与学科领域的专业发展，共同推动高等教育的进步与创新。

第五节　新时代高校辅导员队伍的现行培训体系与效果评估

一、现行培训体系的组成与架构

培训体系是一个完整的、有组织的培训系统，旨在提供全面系统的培训服务，以满足组织内部成员的学习和发展需求。在不同的组织和行业中，培训体系的组成和架构可能存在差异，但总体来说，一个健全的培训体系应当包括多个层面和环节，以确保培训的全面性和有效性。本书将探讨现行培训体系的一般组成和架构，分析其各个组成部分的功能和作用[①]。

（一）培训体系的基本组成

培训体系的第一步是进行需求分析，了解组织和个体的培训需求。这包括对员工的现有技能水平、未来发展方向的评估，以及组织的战略目标和发展方向。通过需求分析，制定培训规划，明确培训的目标和方向。

培训体系的核心是课程的设计与开发。在确定培训需求的基础上，制定相应的培训课程。课程设计应当充分考虑参训人员的背景、学习风格和实际需求，确保培训内容具有实际操作性和实用性。培训体系需要配备各种培训资源，包括教材、教辅资料、培训设施等。这也包括培训师资的准备，确保有足够的专业讲师和培训导师，他们能够传递知识、引导学习，并解答学员的问题。

为了提供良好的培训体验，培训体系需要提供适宜的培训环境。这包括现代化的培训场地、先进的教学设备，以及舒适的学习氛围。良好的培训环境有助于提高学员的学习积极性和效果。

---

① 张凯. 高校辅导员队伍建设与工作发展研究 [M]. 延吉：延边大学出版社，2020:25.

（二）培训体系的层次结构

入职培训是新员工加入组织后接受的第一轮培训，旨在帮助员工快速适应工作环境，了解组织文化和工作流程。入职培训通常包括公司介绍、岗位职责说明、团队建设等内容。针对特定岗位的培训，旨在提高员工在特定领域的专业能力。岗前培训通常由相关领域的专业讲师或内部培训导师进行，内容涵盖岗位要求的技能和知识。随着员工的职业发展，组织需要提供更高层次的培训，帮助员工提升领导力、管理技能等。这类培训通常包括领导力培训、团队管理培训、决策能力培训等。

针对特定技能的培训，旨在提高员工在某一领域的具体技能。技能培训可以涵盖多个方面，如技术技能培训、沟通技能培训、创新能力培训等。继续教育是培训体系的长期组成部分，通过定期的培训活动，确保员工不断更新知识，适应行业和市场的变化。继续教育包括定期的学术讲座、行业研讨会等。

（三）培训体系的执行与评估

培训体系的执行是整个培训过程的核心环节。在培训执行阶段，培训师资需要根据培训计划进行课程教学，确保培训内容的全面性和有效性。同时，学员也需要积极参与培训，主动学习，将所学知识运用到实际工作中。在培训结束后，对培训效果进行评估是培训体系的重要环节。通过学员的反馈、考核成绩、实际应用效果等多个维度，对培训的有效性进行全面评估。评估结果有助于及时调整培训体系，提高培训的针对性和实用性。

（四）培训体系的优化与创新

随着组织内外环境的变化，培训体系需要进行持续优化。定期对培训体系进行审查，了解员工的实际需求和市场变化，及时调整培训计划，确保培训内容与组织战略保持一致，使培训更具针对性和前瞻性。随着科技的发展，培训体系也可以引入创新元素，如在线培训、虚拟现实培训等。利用先进的技术手段提升培训的互动性和趣味性，提高学员的学习积极性[①]。

建立组织内的学习社区，促进员工之间的知识分享和合作。通过学习社区，员工可以互相交流学习心得、解决问题，形成学习共同体，促进组织学习的全员参与。不同员工在职业发展和学习兴趣上存在差异，培训体系可以关注个性化需求。提供个性化的学习计划、导师指导等方式，满足员工不同层次、不同领域的学习需求。跨部门的合作有助于拓展培训内容的广度。通过与不同部门的合作，培训体系可以整合各个领域的专业知识，形成更为全面的培训内容。

---

① 林可全．高校辅导员队伍专业化建设 [M]．长沙：中南大学出版社，2018:79.

二、培训内容的针对性与实用性

培训是组织中提升员工能力和素质的一种有效手段，而培训内容的针对性与实用性直接影响培训的效果。针对性意味着培训内容需要精准地满足员工的实际需求，而实用性则强调培训内容的可操作性和应用价值。本书将深入探讨培训内容的针对性与实用性，分析如何制定和优化培训内容，以达到更好的培训效果。

（一）培训内容的针对性

培训内容的针对性始于对员工需求的深入了解。通过进行全面的需求分析，包括员工的现有知识水平、技能储备、职业发展规划等，能够明确培训的方向和目标。需求分析可以通过调研问卷、个人面谈、组织数据分析等方式进行 [1]。不同职业发展阶段的员工具有不同的学习需求。在制定培训内容时，需要考虑员工所处的职业发展路径。新员工可能需要入职培训，中层管理者可能需要领导力培训，而高层管理者可能更关注战略决策和创新管理方面的培训。

不同的专业领域拥有独特的知识和技能要求。培训内容应当根据不同专业领域的特点进行定制。例如，技术人员可能需要技术更新和创新培训，销售人员可能需要市场营销和客户服务方面的培训。员工的主动参与和反馈是培训内容针对性的关键。通过征求员工的意见和反馈，了解他们的真实需求和期望，可以更好地调整和优化培训内容。定期进行满意度调查、反馈会议等方式，使员工成为培训内容制定的参与者。

行业和市场的变化直接影响到员工所需的知识和技能。培训内容应当紧密跟踪市场和行业的变化，及时调整培训方向。行业前沿的信息和趋势分析是制定针对性培训内容的重要依据。

（二）培训内容的实用性

实用性要求培训内容强调职业能力的提升。培训内容应当与员工实际工作密切相关，强调实际操作和应用能力的培养。培训后员工能够运用所学知识解决实际工作中的问题，提高工作效率和质量。将理论知识与实际案例相结合，通过案例分析和实战演练，使培训内容更具实用性。员工通过真实的案例和场景演练，能够更好地理解和掌握所学知识，提高应用能力。

引入导师制度是提高培训实用性的有效方式。导师能够为员工提供个性化的指导和辅导，帮助他们将培训内容转化为实际工作中的行动。导师可以分享自己的实际经验，加强培训内容的实用性。实用性强调培训内容不仅仅是一次性的学习，更应当建立持续学习的

---

① 郑利群. 高校辅导员队伍素质能力提升策略研究 [M]. 秦皇岛：燕山大学出版社，2022:91.

机制。通过定期的学习活动、实际项目参与等方式，使员工能够持续学习和应用所掌握的知识和技能[①]。

为了了解培训内容的实际效果，建立有效的反馈机制至关重要。员工在实际工作中遇到问题时能够及时反馈，培训机构或企业可以通过定期的评估和回访，了解员工在工作中所应用的培训内容，从而不断调整和优化培训方案，确保培训内容的实用性。将培训内容设计为能够解决实际工作中常见问题的形式。培训内容应当紧密围绕员工在工作中遇到的挑战和问题，通过提供实用的解决方案，增强培训的实用性。

行业和市场的变化日新月异，培训内容也需要随之更新。定期评估培训内容的时效性，及时调整和更新培训内容，确保其与最新的行业趋势和发展相符。

（三）培训内容针对性与实用性的结合

针对员工个体差异，制订个性化培训计划。通过对员工不同层次、不同背景的需求进行细致分析，提供个性化的培训内容，使每位员工都能够得到最适合自己的学习体验。培训内容的设计应该注重实践与理论的结合。培训不仅要传递理论知识，还要通过实际案例、项目演练等方式，让员工亲身体验所学知识在实际工作中的应用，从而提高实用性。

多元化的培训方法有助于提高培训内容的吸引力和实用性。结合面对面培训、在线培训、研讨会、实地考察等多种培训形式，满足员工不同学习习惯和需求。培训内容需要与业务紧密结合，考虑业务流程和工作场景，确保培训内容能够直接应用于实际工作。通过与业务部门的深度合作，更好地理解业务需求，提高培训内容的针对性。建立培训成果评估和认证机制，通过考核、认证等方式对员工在培训后的能力和表现进行评估。这不仅可以为员工提供明确的培训目标，还能增加培训内容的实际效果。

（四）培训内容的优化策略

不断跟踪员工的职业发展和学习进程，了解他们的变化需求。基于员工的发展阶段，及时调整和优化培训内容，确保培训的针对性和实用性。建立定期的反馈机制，收集员工对培训内容的反馈意见。通过员工的实际体验和建议，及时发现培训内容的问题，并进行相应的调整和改进。与组织的业务发展同步，将培训内容与组织战略紧密结合。根据组织的业务计划和发展方向，调整培训内容，确保培训能够为组织的长远发展提供支持。利用先进的科技手段，如虚拟现实、人工智能等技术，提升培训的互动性和趣味性。通过技术手段，将培训内容设计得更生动、具体，增加学员的参与感和实用性。

建立组织内的知识库和学习资源中心，为员工提供丰富的学习资源。员工可以随时随地获取所需的学习资料，满足其个性化的学习需求。具有针对性与实用性的培训内容是培

---

① 柏杨. 改革开放以来高校辅导员队伍建设研究 [M]. 成都：西南交通大学出版社，2018:27.

训成功的关键因素。通过深入的需求分析、灵活的培训计划制定、多元化培训方法的运用以及与业务的深度结合，可以提高培训内容的针对性。同时，通过实际案例、实战演练、导师制度的建立等方式，加强培训内容的实用性。在培训过程中，建立定期的反馈机制，与员工保持紧密沟通，及时调整和优化培训内容。培训机构和企业需要持续关注行业发展动态，借助先进的科技手段，建立知识库和学习资源中心，以不断提升培训内容的质量和实际效果。

三、效果评估机制与改进策略

培训是组织中提高员工能力和素质的重要手段，然而培训的成功与否需要通过科学的评估机制来确认。培训效果评估是一个系统工程，不仅能够检验培训的实际效果，还能为培训的不断改进提供指导。本书将深入探讨培训效果评估的机制与改进策略，以确保培训的可持续发展和优化。

（一）培训效果评估的重要性

培训效果评估的首要任务是确认培训的实际目标是否达成。通过对培训前后员工的知识水平、技能掌握、态度和行为等方面的变化进行评估，可以量化地了解培训的实际效果。通过评估培训效果，组织能够了解培训的投资回报率。确定培训对员工绩效、工作质量和创新能力的影响，有助于更精准地配置培训资源，提高培训的经济效益。培训效果评估不仅是对培训方案的检验，也是对员工发展的监测。通过评估员工在培训后的继续学习和应用情况，为他们提供更多个性化的发展机会。

定期进行培训效果评估有助于营造学习型组织文化。组织借助评估结果，及时调整培训策略，强调学习的重要性，激发员工的学习积极性，推动组织的不断学习和进步。

（二）培训效果评估的指标体系

评估培训后学员在知识方面的提升情况。通过考试成绩、项目作业等方式，量化学员在培训结束后对相关知识的掌握程度。评估学员在实际工作中运用所学知识和技能的能力。通过实际工作表现、项目成果等方面的观察，了解学员在工作中的实际应用水平。评估培训后学员的态度和行为是否发生积极的变化。通过员工自我评价、同事评价、领导评价等方式，了解学员在团队协作、沟通能力等方面的改善情况。

评估培训对学员工作绩效的影响。通过考察学员在工作中的项目完成情况、任务处理效率等方面的表现，量化培训对工作绩效的提升效果。评估学员在培训后是否具有持续学习和发展的动力。通过了解学员的学习计划、参与度、学习反馈等信息，判断学员是否愿意继续学习和拓展自己的知识领域。评估学员对培训方案的满意度。通过匿名调查、反馈问卷等方式，了解学员对培训内容、培训方法和培训师资的满意度，从而调整和改进培训方案。

评估培训对学员团队合作和知识分享的促进作用。通过观察学员在团队中的协作情况、是否愿意分享所学知识等方式，了解培训对团队协作氛围的影响。

（三）培训效果评估机制的建立

在进行培训效果评估之前，组织需要明确评估的具体目标和指标。明确目标有助于建立评估的方向，确定评估的重点内容，并制定相应的评估指标体系。不同的培训目标需要选择不同的评估方法。例如，对于知识水平的提升可以采用笔试、口试等方式，对于工作绩效的提升可以通过绩效考核、项目成果等方式进行评估。选择合适的评估方法有助于提高评估的准确性和可信度。

建立完善的数据收集体系是进行培训效果评估的基础。组织可以通过员工档案、考核记录、培训反馈问卷等途径，收集关于学员的各项信息，形成全面的评估数据。培训效果评估不是一次性的工作，而是需要定期进行的。建立评估的周期，例如每季度、半年度或年度进行一次评估，以确保对培训效果的持续监测和反馈。

综合考虑多个维度的评估指标，避免仅仅依赖单一指标来评估培训效果。通过综合评估，能够更全面地了解培训的实际影响，避免出现评估结果的片面性和误导性。利用现代科技手段提高评估的效率和准确性。使用在线调查工具、数据分析软件等工具，简化数据收集和分析过程，提高评估的科学性和可操作性。

（四）培训效果改进的策略

培训效果评估的最终目的是引导培训的改进。根据评估结果，组织应及时调整培训方案，包括调整培训内容、培训形式、培训周期等，以更好地满足学员的实际需求。建立学员与培训机构或企业之间的学习反馈机制。学员可以通过反馈表、面谈等方式，提出对培训的建议和意见，为培训的不断改进提供参考。

根据评估结果，为学员制订个性化的发展计划。针对不同学员在知识、技能、态度等方面的差异，提供个性化的学习和发展机会，促进学员的个人成长。导师制度是培训效果改进的重要手段。通过建立良好的导师制度，导师可以在学员学习过程中提供指导和帮助，及时解决学员在学习中遇到的问题，提高学员的学习积极性和效果。

培训效果评估不仅仅是对培训项目的评价，更是对整体学习文化的评估。组织需要通过培养持续学习的文化氛围，激发员工对学习的兴趣和动力，推动组织的不断学习和创新。建立员工经验分享平台，促进学员之间的交流和合作。通过分享成功案例、学习心得等方式，学员可以互相启发，共同提高学习效果，形成学习共同体。

　　培训效果评估是组织学习和发展的重要环节,通过科学的评估机制和合理的改进策略,能够确保培训的实际效果和可持续发展。建立明确的评估目标和指标体系,选择合适的评估方法,建立完善的数据收集体系,以及定期进行评估,是构建有效的培训效果评估机制的关键步骤。多维度综合评估有助于全面了解培训的实际影响,而利用现代科技手段则可以提高评估的效率和准确性。对于培训效果改进的策略而言,根据评估结果及时调整培训方案是关键一环。学员的反馈意见和建议应得到重视,建立学习反馈机制有助于及时了解学员的实际需求。个性化发展计划和强化导师制度可以更好地满足不同学员的学习特点和需求,提高学员的学习积极性。持续学习文化的培养是组织长期发展的关键要素,而建立经验分享平台则能促进学员之间的交流和合作。通过分享成功经验和学习心得,学员可以互相启发,形成良好的学习氛围,推动组织的不断学习和创新。

　　总体而言,培训效果评估和改进策略是组织学习和发展过程中不可或缺的环节。只有通过科学的评估手段,不断调整和改进培训方案,才能确保培训的实际效果和组织的可持续发展。组织应当根据实际情况制定切实可行的评估机制和改进策略,不断提升培训的质量和影响力,为员工的职业发展和组织的长远发展提供有力支持。

第三章　新时代高校辅导员队伍的专业化培训

第一节　专业化培训的新时代理论基础

一、专业化培训在新时代的理论支持

随着社会经济的发展和科技的进步，新时代对人才的要求越来越高，专业化培训作为提升员工素质的重要手段，在组织发展中发挥着关键作用。本书将探讨专业化培训在新时代的理论支持，分析其在适应变革、促进创新、提升绩效等方面的理论依据，以深入理解专业化培训在当今组织发展中的价值和作用[①]。

（一）新时代背景下组织需求的变化

新时代是知识经济时代，知识已成为推动经济增长的核心要素。组织需要具备高素质的知识型员工，能够适应知识的快速更新和应用。科技的飞速发展改变了工作的性质，新的职业和岗位涌现，对员工的专业技能和创新能力提出更高要求。组织面临来自全球范围内的竞争，需要拥有具备国际视野和专业知识的人才，以适应复杂多变的国际竞争环境。

人才在不同组织之间的流动性增加，组织需要通过专业化培训来吸引、留住和发展人才。

（二）专业化培训的理论支持

人本主义理论强调人的全面发展和个体的价值。专业化培训通过为员工提供专业知识和技能的学习机会，符合人本主义理论的核心理念，关注员工的个体发展和成就感。社会学习理论认为，人们通过观察他人、模仿和社会互动来学习。专业化培训提供了一个学习的社会环境，员工可以在专业导师、同事之间进行经验分享和知识传递，实现社会学习的有效性。

---

① 贝静红. 高校辅导员队伍专业化发展研究 [M]. 武汉：武汉大学出版社，2016:33.

　　成人学习理论强调成年人学习的自主性和问题中心性。专业化培训强调员工的学习需求，通过设定实际问题和应用场景，激发员工学习的主动性和积极性。认知学习理论关注个体如何组织和处理信息。专业化培训通过系统化的学科知识传递和实际应用训练，促使员工更好地理解和应用所学知识，提高学习效果。组织学习理论认为，组织学习是个体学习的集体体现。专业化培训强调组织对员工学习的支持和促进，通过组织内外的资源整合，形成组织学习的整体效应。

（三）专业化培训的价值和作用

　　专业化培训致力于提高员工在特定领域的专业知识和技能，使其具备更高的专业素养。这有助于员工更好地适应和胜任工作任务，提升工作绩效。专业化培训使员工能够紧跟行业和技术的发展，提高适应变革的能力。同时，通过培养创新思维和实践，促进组织创新和发展。组织的核心绩效与员工的专业水平密切相关。通过专业化培训，员工在工作中能够更加熟练、高效地完成任务，从而提高组织的整体绩效。

　　具备高度专业素养的员工是组织竞争力的重要组成部分。专业化培训有助于培养组织内部的核心竞争力，提高在市场上的竞争地位。员工在职业发展中需要不断提升自身的专业素养。组织通过提供专业化培训，满足员工对于职业发展的需求，增加员工对组织的归属感和忠诚度。

（四）专业化培训的实施策略

　　在进行专业化培训前，组织需要明确培训的具体目标。这包括明确要提升的专业素养、期望的学员达到的水平，以及培训对组织整体发展的贡献等。明确的培训目标有助于更有针对性地设计培训方案。专业化培训应涵盖广泛的培训内容，包括理论知识传递、实际应用训练、案例分析等。通过多样化的培训内容，能够更全面地提升员工的专业素养。在培训过程中，建立有效的评估机制是确保培训成效的重要手段。通过考核、测评、项目实践等方式，定期评估员工的学习成果，及时调整培训方案。

　　专业化培训需要建立一种积极向上的学习文化，鼓励员工不断学习和分享。组织可以通过设立学习奖励机制、组织专业交流会等方式，激发学习的积极性。利用内外部的培训资源，整合专业化培训的力量。可以邀请行业专家、合作伙伴进行专业讲座，开展实地考察等方式，丰富培训内容。不同员工在专业化培训上有不同的需求，组织应当关注员工的个性化需求，提供个性化的培训计划。通过调查问卷、个体谈话等方式了解员工的学习偏好，量身定制培训方案。专业导师能够在培训过程中提供个性化的指导和支持。建立专业导师制度，使员工能够在专业领域获得更深入的指导和学习。

（五）面临的挑战与应对策略

随着科技和行业的发展，知识体系不断更新和演变。组织需要采用灵活的培训机制，及时调整培训内容，确保员工学到的是最新的知识。有些员工可能对专业化培训缺乏兴趣或积极性。组织可以通过设立奖惩机制、激励措施等方式，提高员工的学习积极性。

专业化培训可能需要较大的成本投入，包括培训费用、导师费用等。组织需要权衡成本和效益，合理规划培训预算，寻找更经济高效的培训方式。引入专业化培训需要组织文化的调整和融入。组织需要通过引导、培训活动等方式，促使员工更好地融入专业化培训的文化氛围。在大型组织中，不同部门之间的专业化培训可能存在协同困难。组织可以建立横向沟通机制，促进跨部门的协同合作，共同推动专业化培训的实施。

在新时代，专业化培训是组织持续发展和员工职业成长的重要保障。基于人本主义理论、社会学习理论、成人学习理论、认知学习理论以及组织学习理论的理论支持，专业化培训在提升员工专业素质、适应变革和创新、提高组织绩效等方面发挥着重要作用。通过制定明确的培训目标、设计多样化的培训内容、建立有效的培训评估机制等实施策略，可以最大程度地发挥专业化培训的价值。面对挑战，组织需要灵活应对，通过整合资源、关注员工个性化需求等方式，提高专业化培训的实施效果，为组织和员工共同创造更大的价值。专业化培训将在新时代持续发展，不断推动组织和员工迈向更高水平的发展阶段。

二、学科交叉与专业化培训的关联

在当今社会，学科交叉和专业化培训作为组织和个体发展的两个重要方向，相互交织、互相促进。学科交叉强调不同学科领域之间的融合与合作，而专业化培训注重深耕个体在特定领域的专业知识与技能。本书将探讨学科交叉与专业化培训的关联，分析它们在促进创新、拓展视野、提高综合素质等方面的互补作用，以深化对学科交叉和专业化培训的理解。

（一）学科交叉的理论基础

学科交叉是指在学科之间建立联系，将不同学科领域的知识、方法和思维融合在一起，形成新的综合性知识体系。学科交叉旨在超越传统学科边界，创造新的学科范式。学科交叉强调综合性知识的重要性，认为只有跨越学科的界限，将多学科知识整合，才能更好地解决复杂问题和应对多元挑战。学科交叉有助于促进创新，通过不同学科的交流和合作，激发创新思维和跨学科合作，推动科技、文化等领域的进步。

（二）专业化培训的理论基础

专业化培训是为了提升个体在特定领域的专业知识和技能而进行的有针对性的培训。

它旨在使个体在某一领域内成为专业人才，具备深度的专业素养。专业化培训强调对个体在某一领域内的深度培养，包括理论知识的学习、实际技能的培养和专业经验的积累。随着社会的发展，组织对于具备专业化素养的人才需求增加。专业化培训有助于满足组织对于高素质专业人才的需求，促进个体的职业发展。

（三）学科交叉与专业化培训的关联

学科交叉和专业化培训在促进创新方面有共同的目标。学科交叉通过融合不同领域的知识，激发跨学科的创新思维；而专业化培训通过深耕个体在某一领域的专业知识，为解决具体问题提供专业支持，从而促进创新的发生。

学科交叉有助于拓展个体的学科视野，使其能够更全面地看待问题。而专业化培训则提供了深度专业知识，使个体在某一领域内具备丰富的专业见解。这两者结合起来，有助于个体形成既有广度又有深度的跨领域视野。学科交叉和专业化培训的结合有助于提高个体的综合素质。学科交叉使个体具备多学科综合运用的能力，而专业化培训使个体在某一领域内具备深厚的专业素养，两者相结合，提升了个体的整体素质。学科交叉培养了个体解决复杂问题的能力，而专业化培训则提供了个体在具体领域内应对复杂问题的专业技能。两者相辅相成，使个体更具备全面的应对复杂问题的能力。

（四）学科交叉与专业化培训的实践策略

组织可以设计跨学科的培训计划，使员工在培训过程中接触到不同学科领域的知识和方法。这有助于培养员工的跨学科思维和综合运用能力。除了跨学科培训，组织还应当注重专业领域的深度培训。通过提供专业领域的深度培训课程，组织可以帮助员工在特定领域内深入学习和积累经验。这有助于提高员工的专业素质和解决实际问题的能力。促进学科交叉与专业化培训的关联，组织可以建立跨学科合作机制。通过设立跨学科项目组、推动不同学科领域的合作研究等方式，促使不同领域的知识相互渗透，为员工提供更丰富的学科体验[①]。

在专业化培训中强调实际应用场景，使学员能够将所学的专业知识更好地运用到实际工作中。这有助于将跨学科的理论知识与实际专业技能相结合，提高员工解决问题的能力。学科交叉和专业化培训的关联需要强调团队协同能力。组织可以通过培训课程中的团队项目、跨学科项目组等形式，培养员工在团队中协同工作的能力，推动学科交叉与专业化培训的有机结合。学科交叉与专业化培训的关联是一个动态的过程，要求员工具备持续学习和发展的意识。组织可以通过激励机制、个人发展计划等方式，促使员工保持学科交叉与

---

① 丘进，卢黎歌. 机制·创新·长效：高校辅导员队伍建设研究 [M]. 西安：西安交通大学出版社，2012:38.

专业化培训的持续学习态势[①]。

（五）面临的挑战与应对策略

学科交叉与专业化培训的关联可能受到学科壁垒的挑战，不同学科之间存在语言、方法论等差异。组织需要提供跨学科培训课程，帮助员工更好地理解和融合不同学科的知识。学科交叉与专业化培训的结合可能需要更多的培训资源投入，包括跨学科导师的聘用、跨学科培训设施的建设等。组织需要在资源分配上进行合理规划，确保培训的质量和效果。员工对于学科交叉与专业化培训的接受度可能存在差异。一些员工可能更倾向于深度专业化培训，而对于学科交叉的理解和接受可能相对较低。组织可以通过宣传教育、培训需求调查等方式，提高员工对于这一培训模式的接受度。

学科交叉与专业化培训关联需要面对不同学科知识更新速度的挑战。某些学科领域的知识可能更新较快，组织需要确保培训内容的及时更新，以保持培训的实效性。学科交叉与专业化培训作为组织和个体发展的两个重要方向，它们之间存在着紧密的关联。通过促进创新、拓展视野、提高综合素质等方面的互补作用，学科交叉与专业化培训共同推动着组织和员工在新时代的不断发展。在实践中，组织可以通过构建跨学科培训计划、开设深度培训课程、强调实际应用场景等策略，促进学科交叉与专业化培训的有效结合。然而，也需要面对学科壁垒、培训资源投入、员工接受度等挑战，通过科学的策略和管理手段加以解决。未来，学科交叉与专业化培训的关联将继续成为组织发展的关键因素，为应对复杂多变的社会环境提供有力支持。

三、专业素养与培训需求的匹配

在现代社会，专业素养的提升对于个体职业发展和组织竞争力的提高至关重要。为了更好地适应不断变化的社会和职业环境，个体需要通过培训不断提升专业素养。本书将深入探讨专业素养与培训需求的匹配问题，分析如何有效地满足个体的专业发展需求，使其所接受的培训更具针对性和实用性。

（一）专业素养的概念与重要性

专业素养是指在特定领域内具备的知识、技能、经验和态度，使个体能够胜任相关职业要求。它不仅包括专业领域的专业知识，还涉及实际工作中所需的实际能力和职业素养。专业素养的构成要素包括学科知识的深度、实际操作技能、创新能力、团队协作精神、职业操守等多个方面。这些要素相互交织，共同构成了一个个体在特定领域内的专业素养。

①　杨玲．新时期高校辅导员工作与队伍建设研究 [M]．沈阳：万卷出版有限责任公司，2023:29.

随着社会的发展，职业环境变得越来越复杂和多变。具备良好专业素养的个体更容易适应职业发展的需求，更有可能在竞争激烈的职场中脱颖而出。同时，对于组织而言，员工的高度专业素养也是提升组织竞争力的关键因素之一。

（二）培训需求的激发因素

个体在不同职业发展阶段对培训的需求有所不同。初入职场的新员工可能更需要基础知识和技能的培训，而处于职业发展中期的员工可能更关注高级专业素养和领导力的培训。组织的战略和目标直接影响着培训的方向和内容。如果组织要在某一领域取得突破，就需要为员工提供相关领域的专业培训，以支持组织战略的实现。

行业发展的变化往往需要员工具备新的知识和技能。对于行业新技术、新趋势的了解和掌握，需要通过培训及时提升员工的专业素养，使其保持竞争力。个体对于自身职业发展有明确的规划和期望，这将直接影响其对于培训的需求。一些积极进取的个体可能更愿意参与深度培训，提升自身在特定领域的专业水平。

（三）专业素养与培训需求的匹配策略

通过对员工的需求进行详细分析，制订个性化的培训计划。不同员工在专业素养方面的差异性需要得到充分考虑，确保培训计划更加精准。建立跨层次的培训体系，包括基础培训、中级培训和高级培训。这有助于满足不同层次员工的专业素养需求，使他们在职业生涯的不同阶段都能得到有效的培训支持。

培训内容应当更注重实际应用，使员工在培训中能够获得实际工作中所需的技能和经验。培训的实用性将直接影响到培训的有效性和员工的专业素养提升程度。结合面对面培训、在线培训、实践操作等多种培训方法，以满足不同员工学习风格和学习需求。多元化培训方法有助于提高培训的吸收度和实效性。在培训过程中进行定期评估，收集员工的反馈意见，并根据评估结果及时调整培训计划。定期的评估可以确保培训与员工的实际需求保持匹配。

（四）面临的挑战与应对策略

一些组织可能面临培训成本较高的压力，特别是对于大规模的员工培训。在面对培训成本压力时，组织可以采取以下策略：根据组织的战略目标和员工的职业发展需求，对培训计划进行优先级排序，确保有限的培训资源投入到最关键和紧迫的领域。寻求与其他组织、机构或行业协会的合作，共享培训资源和经验。这有助于降低培训成本，提高培训的效益。

随着科技的发展，一些行业和领域的知识更新速度较快，员工需要不断学习新的技能和知识。应对这一挑战的策略包括：建立组织内的持续学习文化，鼓励员工保持学习的主动性。通过定期的技术分享会、在线学习平台等方式，促进员工对新技术的了解和学习。设计灵活的培训计划，允许员工根据自身的学习节奏和工作安排选择合适的培训时间。这有助于提高员工参与培训的积极性。

一些员工可能对培训持消极态度，觉得培训会浪费时间，从而影响培训的效果。为了应对这一挑战，可以采取以下策略：在培训计划制定阶段，与员工进行充分的沟通，了解他们的需求和期望。通过让员工参与培训计划的制订，增强他们对培训的认同感。在培训过程中强调培训的实用性，展示培训内容与实际工作的紧密联系。通过实际案例和操作，使员工能够更好地理解培训的实际应用场景。

不同员工在专业素养和培训需求方面存在个性化差异，一套培训计划可能难以满足所有人的需求。针对这一挑战，可以采取以下策略：设计个性化的培训路径，根据员工的职业发展阶段、专业方向和兴趣爱好，为其量身定制培训计划。建立导师制度，由具有丰富经验和专业素养的员工担任导师，为新入职员工提供个性化的培训辅导。

专业素养与培训需求的匹配是组织培训管理中至关重要的一环。通过深入分析个体的专业素养构成要素、培训需求的激发因素，制订个性化、实用性强的培训计划，组织可以更好地满足员工的专业发展需求，提高组织整体竞争力。在面临培训成本压力、技术发展速度快、员工对培训的态度不一致等挑战时，组织可以通过优先级排序、合作与资源共享、持续学习文化等策略，灵活应对不同的情境。通过不断优化培训体系，强调实际应用，鼓励员工持续学习，组织将更好地应对未来不断变化的职业环境，实现组织和员工的共同发展。

第二节　新时代高校辅导员的培训计划与内容设计

一、培训计划的制订与调整

培训计划是组织为了提升员工的能力、满足组织发展需求而制订的系统性培训方案。良好的培训计划能够促进员工专业素养的提升，提高组织整体绩效。然而，由于外部环境的变化和组织内部需求的调整，培训计划的制订与调整显得尤为重要。本书将深入探讨培训计划的制订与调整策略，以确保培训计划的有效性和灵活性。

（一）培训计划的制订

在制订培训计划之前，组织需要进行全面的需求分析。这包括对员工现有技能水平、职业发展需求、组织战略目标等方面的分析。通过需求分析，确定培训的方向和重点。培训计划的制订应当设定明确的培训目标，这有助于指导培训活动的开展。培训目标应与组织战略和员工发展需求相一致，既具体又可衡量[①]。

根据需求分析和设定的培训目标，制定具体的培训内容。培训内容应涵盖员工所需的专业知识、实际操作技能、领导力等多个方面，以全面提升员工的能力。不同的培训目标和内容可能需要不同的培训方法。例如，对于理论知识的培训可以采用课堂培训、在线学习等方式；而实际操作技能的培训可能需要通过实地演练和模拟训练来进行。确定培训计划的周期和频率，包括培训的开始和结束时间，以及培训的频率。这有助于组织合理安排培训资源，确保培训的连续性和有效性。在培训计划中设立评估机制，用于评价培训的效果。评估可以通过考试、实际操作、反馈调查等方式进行，以便及时发现问题并进行调整。

（二）培训计划的调整

设立良好的反馈机制是培训计划调整的关键。通过收集员工和培训师的反馈意见，了解培训的实际效果和存在的问题，为调整提供依据。外部环境的变化可能影响到组织的战略和需求，从而需要调整培训计划。例如，市场竞争、新技术的出现等都可能导致组织对员工的新需求，培训计划需要及时跟进。

员工个体的职业发展需求也可能发生变化。一些员工可能希望在某一领域深耕，而另一些员工可能希望拓宽自己的技能范围。通过与员工进行定期的职业规划和发展对话，了解他们的发展需求，调整培训计划以满足这些需求。随着科技的不断发展，新的培训技术和方法可能不断涌现。组织需要密切关注培训领域的新趋势，不断更新培训计划，确保培训内容和方式与时俱进。

如果组织的战略发生调整，可能会影响到对员工的新要求。培训计划需要与组织战略保持一致，及时调整以适应组织的变化。员工的反馈是调整培训计划的重要依据。通过定期的培训反馈会议、问卷调查等方式，收集员工的意见和建议，及时调整培训计划，提高培训的实效性。

（三）制定与调整策略

培训计划的制定和调整应当注重灵活性和适应性。组织需要建立一个灵活的培训框架，能够根据不同的情境和需求进行调整。持续监测培训计划的执行情况，及时收集员工的反馈，并通过定期的评估来发现问题。这有助于在培训计划执行过程中及时调整，确保培训的有效性。利用新的技术手段和创新方法，提升培训计划的效果。例如，引入在线学习平台、虚拟现实技术等，丰富培训形式，增加员工的参与度和学习体验。

---

① 罗华丽．高校思想政治理论课教师与辅导员队伍协同育人优化研究［M］．天津：天津人民出版社，2023：68.

保持与员工的密切沟通，了解他们的培训需求和反馈意见。通过定期的沟通渠道，包括会议、调查、面谈等方式，收集员工的意见，有针对性地调整培训计划。在培训计划中采用多元化的培训方式，满足不同员工的学习风格和需求。除传统的课堂培训外，还可以引入小组讨论、实践项目、导师制度等形式，提高培训的灵活性。对员工的发展进行跟踪和评估，及时发现员工在培训后的变化和需求。通过个体发展计划、定期评估等方式，了解员工的成长轨迹，为调整培训计划提供依据。

培训计划的制定与调整是组织管理中至关重要的一环。通过需求分析、设定培训目标、制定培训内容、选择培训方法、确定培训周期和频率等步骤，组织能够制定出具体可行的培训计划。在实施培训计划的过程中，不断进行监测和评估，建立反馈机制，根据实际情况进行调整，确保培训的有效性和实效性。

二、培训内容的科学设置与更新

培训内容的科学设置与更新是组织管理中的重要环节，直接关系到员工的能力提升和组织的发展。随着社会经济的快速变化和科技的不断进步，培训内容需要不断适应新的挑战和机遇。本书将探讨培训内容的科学设置和更新策略，以确保培训的实效性和持续性。

（一）培训内容的科学设置

在制定培训内容之前，组织需要进行全面的需求分析，了解员工的现有知识和技能水平，以及组织的发展需求。通过调查、面谈、问卷等方式，收集员工和组织的培训需求，为制定培训内容提供依据。设定明确的培训目标是科学设置培训内容的关键。培训目标应与组织战略和员工发展需求相一致，既具体又可衡量。明确的目标有助于指导培训内容的设计和实施。

培训内容应与组织的业务需求密切相关。了解组织的战略方向和业务重点，将培训内容与业务实际紧密结合，确保培训的实用性和针对性。培训内容应具有多元化，包括理论知识、实际操作技能、领导力发展等多个方面。不仅要关注员工专业素养的提升，还要关注综合能力的培养，以适应复杂多变的工作环境。

培训内容的设计应注重实践应用，帮助员工将所学知识和技能应用到实际工作中。通过案例分析、实际项目操作等方式，提高员工的实际解决问题能力。在培训内容设置中倡导持续学习文化，强调员工的自主学习和反思能力。培训内容可以包括学习方法、学习资源的介绍，鼓励员工主动参与学习。

（二）培训内容的更新

随着科技的不断进步，新的技术和工具不断涌现。培训内容需要紧跟技术发展的步伐，及时更新涉及的技术知识和应用方法，确保员工具备最新的专业素养。设立良好的反馈机制是培训内容更新的重要依据。通过员工的反馈意见、学习成绩、项目实施情况等途径，了解培训内容的实际效果和存在的问题，及时调整和更新。随着市场竞争和消费者需求的不断变化，组织需要关注市场趋势，调整培训内容以适应市场的变化。市场导向的培训内容更容易引领员工适应市场需求。

不同行业存在相关的标准和规范，这些标准和规范会随着时间的推移而更新。培训内容需要及时调整，确保符合最新的行业标准，提高员工的专业水平。员工的个体发展需求也是培训内容更新的动力之一。通过定期的职业规划对话、个体发展计划等方式，了解员工的发展方向和需求，调整培训内容以满足这些需求。随着知识的不断分化，跨学科知识的融合变得越发重要。培训内容可以设计为跨学科的，涉及多个领域的知识，提高员工的综合素养。

（三）制定与更新策略

建立定期的培训内容评估机制，通过员工的学习成绩、实际应用情况、培训后绩效等方面进行评估。根据评估结果，发现问题并及时调整培训内容。利用新的培训技术和创新方法，提升培训内容的吸引力和实效性。引入虚拟现实、人工智能等技术手段，丰富培训形式，增加员工的参与度。

设立良好的员工反馈渠道，鼓励员工提供培训反馈意见。通过定期的反馈会议、在线调查等方式，收集员工的意见，发现培训内容的不足之处。培训内容的设计和更新应具有灵活性。组织需要随时根据外部环境和内部需求进行灵活调整，确保培训内容与时俱进。

建立跨部门的合作机制，将不同部门的专业知识融合到培训内容中。通过与研发、市场、销售等部门的合作，使培训内容更具综合性，满足员工多方面的需求。在组织中倡导持续学习的文化，鼓励员工不断追求新知识。通过员工分享会、内部论坛等形式，促使员工自发地分享学习心得和新发现，为培训内容的更新提供源源不断的动力。

运用数据分析工具对培训内容的效果进行监测和分析。通过员工学习的数据，发现学习习惯和兴趣点，为个性化培训内容的制定提供数据支持。建立组织内的知识库，汇总和整理各类培训资料和学习资源。知识库可以包括在线文档、视频教程、专业书籍等，方便员工随时获取学习资料。

培训内容的科学设置与更新是组织发展中不可忽视的重要环节。通过需求分析、设定明确的目标、关联业务需求、多元化内容设计、注重实践应用等策略，组织能够科学地设置培训内容，满足员工的学习需求。在培训内容的更新方面，紧跟技术发展、建立良好的反馈机制、关注市场变化、了解员工发展需求等策略，帮助组织保持敏捷性和适应性，确保培训内容始终保持活力和实效性。

三、学科前沿与新技术应用在培训中的体现

学科前沿的不断拓展和新技术的快速发展对培训领域产生了深远的影响。在现代社会，培训不仅仅是传授基本知识和技能，更需要关注学科前沿的发展趋势和新技术的应用。本书将深入探讨学科前沿与新技术在培训中的体现，以及它们对培训效果的提升和培训方式的改变。

（一）学科前沿在培训中的体现

培训内容需要全面理解相关学科的前沿发展趋势。对于科学、技术、工程、数学等领域，了解最新的理论和研究成果，将这些信息融入培训内容，使员工能够紧跟学科的前沿。将学科前沿的理论和方法引入培训中，帮助员工更好地理解学科的本质和核心概念。这包括最新的研究成果、实证研究方法、前沿技术应用等方面。

学科前沿的知识往往涉及创新思维和解决复杂问题的能力。培训可以通过案例分析、创新项目等方式，激发员工的创新思维，培养他们对新问题的适应能力。学科前沿往往体现为学科间的交叉融合。培训可以通过引入交叉学科的知识，拓展员工的学科视野，培养综合素养。针对学科前沿的发展，及时更新培训教材和课程设计。保持教材内容的新鲜度，确保员工接触到最新的知识和方法。

（二）新技术应用在培训中的体现

利用在线学习平台，实现培训内容的随时随地学习。员工可以通过电脑、平板或手机访问培训资源，提高学习的便捷性和灵活性。利用 VR 和 AR 技术，提供沉浸式的学习体验。培训中可以使用虚拟场景模拟实际工作环境，使员工能够在虚拟环境中进行实践操作，提高实际应用能力。利用人工智能技术进行个性化学习推荐。根据员工的学习历史和能力水平，智能系统可以为其推荐适合的学习内容，提高学习的效果。

引入在线协作工具，促进员工之间的互动和合作。通过在线讨论、团队项目等方式，实现员工在培训中的互动学习，提高团队合作能力。对于需要实验操作的学科，可以利用远程实验室技术。通过远程实验室，员工可以通过互联网远程访问实验设备，进行实际的实验操作，提高实验技能和应用能力，避免地理位置限制。利用智能辅导系统提供个性化的学习支持。这种系统可以根据员工的学习进度和理解程度，定制个性化的学习计划，并提供实时的问题解答和反馈。

运用大数据分析技术对培训数据进行深度分析。通过分析学员的学习行为、学习路径和学习成果，为培训提供科学依据，及时调整培训内容和方式。制定移动学习应用，充分利用移动设备。员工可以通过手机应用随时随地进行学习，灵活安排学习时间，适应异地

办公和灵活工作的需求[①]。

（三）学科前沿与新技术的融合

学科前沿的发展经常伴随着新技术的涌现。在培训中，可以创新学科内容，将新技术的应用融入学科的理论体系中。例如，在 IT 领域，培训可以涵盖最新的编程语言、开发工具等。利用新技术实现学科研究的数字化。通过引入大数据、云计算等技术，对学科研究数据进行整合和分析，提高学科研究的效率和深度。

将虚拟实验室技术应用到学科前沿的实验中。虚拟实验室可以模拟各种实验场景，使员工能够在虚拟环境中进行学科前沿实验，提高实验操作能力。利用人机交互技术改进培训体验。通过引入自然语言处理、语音识别等技术，实现更自然、智能的学科交流和互动。

在学科前沿的研究中引入深度学习技术。深度学习可用于模式识别、数据分析等领域，为学科前沿的研究提供更强大的工具支持[②]。

（四）新技术对培训效果的提升

新技术的应用使得个性化学习成为可能。通过智能系统和大数据分析，可以为每个员工提供个性化的学习路径和内容，提高学习的效果。新技术带来了更多的互动性。虚拟实验室、在线协作工具等技术促进了员工之间的互动和合作，增加了学习的趣味性和参与度。

虚拟现实技术、远程实验室等新技术的应用，使得实践操作能力的培养更具体、更实际。员工能够在虚拟环境中进行实际操作，更好地应用所学知识。新技术的应用使得培训过程中的反馈更加及时。智能辅导系统、在线学习平台可以实时监测学员的学习情况，及时纠正学习方向，提高学习效果。移动学习应用、在线学习平台等新技术的使用，使得学员能够灵活安排学习时间和地点，适应个体化、异地化的学习需求。

（五）培训方式的改变

新技术的应用推动了培训方式的混合化。传统的面对面培训与在线学习相结合，形成更灵活、多样化的培训方式，适应不同学员的需求。新技术的普及使得自主学习成为可能。员工可以通过在线学习平台、移动学习应用自主选择学习内容和学习时间，提高自主学习的能力。在线协作工具的应用促进了团队协作的方式。培训中可以组织团队项目、在线讨论，提高员工的团队协作能力。

利用新技术，培训可以不受地理位置的限制，实现远程培训。这种方式可以方便异地办公或全球范围内的培训需求。利用智能系统和大数据分析，为每个员工定制个性化的培

① 丰硕. 高校辅导员队伍建设与工作制度发展研究 [M]. 长春：吉林出版集团股份有限公司，2022:67.
② 白金刚. 新时代高校辅导员队伍专业化建设研究 [M]. 沈阳：辽宁大学出版社，2022:110.

训路径。根据员工的学习历史、兴趣爱好、职业规划等因素，制定符合个体需求的培训计划，推动个性化培训的发展。

利用虚拟现实技术，创建虚拟培训环境。这种虚拟培训活动可以模拟真实场景，如模拟业务谈判、模拟项目管理等，让员工在虚拟环境中进行实际操作，提高实践应用能力。利用在线会议工具，组织学科前沿研讨会。员工可以参与全球范围内的学术交流，了解最新的研究成果，促进学科领域的深度讨论。引入自适应学习系统，根据员工的学习进度和能力水平，调整学习内容和难度。这种系统能够更好地满足员工个体差异，提高学习效果。

（六）挑战与应对策略

学科前沿和新技术的更新速度较快，培训内容需要及时跟进。应对策略包括建立快速响应机制、与科研机构、企业合作保持信息共享、鼓励员工主动学习等。引入新技术可能涉及高昂的成本和对特定设备的要求。应对策略包括制定合理的预算计划、选择适用于不同设备的技术方案、积极寻求资助和支持等。员工对新技术的接受度和个体差异可能影响培训效果。应对策略包括开展员工调研、提供培训前的技术支持和指导、根据员工需求制订个性化培训计划等。在线学习、大数据分析等技术应用可能涉及网络安全和隐私保护问题。应对策略包括加强网络安全意识培训、采取数据加密和隐私保护措施、遵守相关法规和政策等。

新技术的应用可能增加培训效果的评估难度。应对策略包括建立多维度的评估体系、利用数据分析工具进行培训效果监测、定期收集员工反馈等。在全球范围内进行培训可能涉及文化差异和语言障碍。应对策略包括开展文化敏感性培训、提供多语言支持、定期组织跨文化交流活动等。学科前沿和新技术在培训中的体现对于组织和员工的发展至关重要。通过全面理解学科发展趋势、引入前沿理论和方法、促进创新思维、关注交叉学科等方式，培训能够更好地把握学科前沿的脉搏。同时，利用在线学习平台、虚拟现实技术、人工智能等新技术，培训方式得到了深刻的改变，实现了个性化学习、互动性提升、实践操作能力的提升等目标。

然而，培训中仍然面临一系列挑战，如技术更新速度快、技术成本和设备要求、员工接受度和培训需求、网络安全和隐私保护、培训效果评估难度、文化差异和语言障碍等。对这些挑战的应对需要组织和培训管理者在制定培训策略时充分考虑，并采取相应的措施，以确保培训的顺利进行和取得良好的效果。

总体而言，学科前沿和新技术的融合为培训领域带来了前所未有的机遇和可能性。通过不断创新和适应，组织和员工能够更好地应对未来的挑战，实现知识更新、能力提升和持续学习的目标。

第三节 在职培训与学科更新在新时代的意义

一、在职培训模式的创新与应用

在职培训作为一种重要的人才发展方式，在不断的发展中需要不断创新与适应现代社会的需求。本书将探讨在职培训模式的创新与应用，包括创新的理念、方法和工具，以及这些创新在提升员工能力、适应组织需求等方面的应用。

（一）在职培训模式的传统特征

传统的在职培训模式通常具有以下特征：培训通常以面对面的授课形式为主，员工需要到指定的培训场所参与课程学习。培训通常安排在特定的时间和地点，员工需要根据培训计划调整自己的工作和生活安排。培训通常提供统一的培训内容，无法满足员工个体差异的学习需求。传统培训模式缺乏灵活性，员工在工作繁忙的情况下难以参与培训。由于培训通常是周期性的，员工在学习过程中缺乏及时的反馈和指导。

（二）在职培训模式的创新理念

创新在职培训的理念，推崇个性化学习，根据员工的职业发展规划、学习兴趣和能力水平，制订个性化的培训计划。引入自主学习理念，鼓励员工通过在线学习平台、移动应用等方式进行自主学习，根据个体时间和地点灵活选择学习内容。提倡社交学习，通过在线社交平台、团队协作工具等促进员工之间的学习交流，实现知识共享和团队合作。强调终身学习理念，培养员工持续学习的意识，使其能够适应职业发展中的不断变化和挑战。

（三）在职培训模式的创新方法

将传统的面对面授课与在线学习相结合，形成混合式培训模式。员工可以通过线上学习平台预习课程内容，然后在面对面课程中进行深度学习和互动。

将培训内容划分为独立的模块，员工可以根据自身需求选择参与特定模块的培训，实现精准学习和灵活安排。将培训内容与实际工作任务相结合，通过解决实际问题和完成实际任务的方式进行培训，增加学习的实际应用性。

引入项目导向的培训方法，组织员工参与真实项目，通过实际操作提高技能水平，培养解决问题的能力。将培训内容拆分成小块，通过短时间内完成的微学习，提高员工的学习效率，适应快节奏的工作环境。

（四）在职培训模式的创新工具

利用在线学习平台提供丰富的学习资源，员工可以随时随地访问培训课程，实现自主学习和个性化学习路径。制定移动学习应用，员工可以通过手机或平板随时随地进行培训学习，灵活安排学习时间。

利用虚拟实验室技术，提供实验场景的虚拟模拟，使员工能够在虚拟环境中进行实际操作，提高实践能力。创建社交学习平台，员工可以在平台上分享学习心得、参与讨论，促进学习社群的形成。引入智能辅导系统，根据员工学习历史和能力水平，为其推荐个性化的学习内容，提供实时问题解答和反馈。

（五）在职培训模式创新的应用效果

创新的在职培训模式使得学员可以根据自身的学习进度和兴趣进行学习，提升了学习的灵活性和效率。个性化学习和自主学习的理念让员工更加主动地参与培训，按照自己的节奏学习，从而更好地吸收知识和技能。在职培训模式的创新使得培训更加灵活，能够更好地适应快速变化的工作环境。员工通过微学习、模块化培训等方式，可以更迅速地获取所需知识，应对职业发展中的挑战。

引入社交学习平台和团队项目等工具，鼓励员工之间的知识分享和团队协作。这有助于打破信息孤岛，促进团队成员之间的互动，共同解决问题。采用任务驱动培训和项目导向培训方法，培训内容更紧密地与实际工作任务相结合。员工通过解决实际问题和参与真实项目，能够提高实际应用能力，更好地应对工作挑战。创新的培训模式满足了员工个性化学习的需求，提高了学习的灵活性和自主性，从而提高了培训的满意度。员工在学习过程中更有成就感，更容易保持学习的积极性。

（六）在职培训模式创新的挑战与应对策略

在职培训模式创新可能涉及新技术的应用，员工可能面临技术使用难题。应对策略包括提供技术培训和支持、设计用户友好的学习工具等。新的培训模式需要员工接受新的理念和方法，可能会遇到一定的抵触情绪。应对策略包括开展培训宣传和推广、提供示范案例、充分沟通和解释新模式的优势等。

引入新技术和创新模式可能需要一定的资源投入，包括技术设备、培训平台、人力等。应对策略包括合理规划资源预算、寻求外部支持和赞助、逐步推进创新等。在创新的培训模式中，需要确保培训质量。应对策略包括建立完善的培训评估机制、持续监测学员学习进度和成果、及时调整培训方案等。

不同组织文化和员工文化可能对新培训模式的融入提出挑战。应对策略包括进行文化融合培训、引入灵活的培训模式以适应不同文化需求等。在职培训模式的创新与应用是适应现代职业发展和组织需求的必然趋势。通过引入个性化学习、自主学习、社交学习等创新理念，采用混合式培训、模块化培训、微学习等创新方法，借助在线学习平台、移动学习应用、虚拟实验室等创新工具，能够提高学习效率、适应快速变化、促进知识分享和团队协作，实际应用能力得到提升，培训满意度也有所提高。

然而，创新的培训模式面临一系列挑战，包括技术应用难度、员工接受度、资源投入、培训质量保障和文化融合等。在应对这些挑战的过程中，需要充分考虑员工的需求和文化背景，制订有效的培训计划，并持续监测和调整培训模式，以确保创新模式的顺利推行。通过不断总结经验、优化措施，创新在职培训模式将更好地满足组织和员工的发展需求，推动整个职业培训领域的进步[①]。

二、学科更新对在职培训的要求

随着科技的飞速发展、社会经济的变革，各个学科领域都在不断更新、演进。这种学科更新对在职人员提出了更高的培训要求。本书将探讨学科更新对在职培训的要求，包括培训内容的时效性、培训方法的灵活性、学员学科素养的提升等方面的影响。

（一）培训内容的时效性要求

不同学科领域的知识在不同程度上都经历着不断的更新和演变。在职人员需要及时了解最新的学科发展动态，以保持对领域内知识的敏感性。许多学科涉及特定的技术和方法，这些技术和方法随着科技的发展不断演进。在职人员需要通过培训了解并掌握最新的技术和方法，以适应工作的实际需求。学科之间的交叉融合越来越常见，需要在职人员具备跨学科的综合素质。培训内容要求能够整合不同学科领域的知识，提高学员的综合应用能力。

（二）培训方法的灵活性要求

由于在职人员通常时间紧张，因此培训方法需要更具灵活性，包括提供在线学习和远程培训的机会，使学员可以根据自己的时间和地点进行学习。将培训内容划分为小模块，使学员可以根据自身需求和学科更新的要求选择性地学习，提高培训的个性化程度。学科更新要求学员具备实际应用的能力，培训方法需要更注重实践导向和项目驱动，通过解决实际问题和参与项目来提高学员的实际操作水平。

学科更新涉及跨学科合作的趋势，培训方法需要促进社交学习和团队合作，使学员能够在协作中共同解决复杂问题。

---

① 张凯. 高校辅导员队伍建设与工作发展研究 [M]. 延吉：延边大学出版社，2020:135.

（三）学员学科素养的提升要求

学科更新要求在职人员具备自主学习和持续学习的意识，能够主动获取新知识、更新技能，保持对学科发展的关注。学科更新通常伴随着新的问题和挑战，学员需要具备批判性思维和问题解决能力，能够独立思考并应对学科更新带来的新情境。

学科更新的趋势是学科之间的交叉融合，要求学员具备跨学科的综合素养，能够在不同领域中灵活应用知识。学科更新带来的新知识和新技术可能催生新的创新机会，学员需要具备创新和创业精神，能够应对未知的挑战。

（四）培训机构和企业的应对策略

培训机构和企业应建立灵活的培训体系，包括在线学习平台、远程培训、模块化培训等，以满足学员在不同时间和地点的学习需求。利用先进的技术手段，如虚拟实验室、智能辅导系统等，为学员提供更具互动性和实践性的学习体验。

培训机构和企业需要紧密关注学科更新的动态，及时更新培训内容，确保学员学到的是最新、最实用的知识和技能。引导学员参与跨学科合作项目，提升其在团队协作和跨学科领域的实际应用能力。培训机构和企业可以建立学员社交学习平台，促进学员之间的交流和合作，形成学习社群。

（五）面临的挑战与未来发展趋势

高质量的培训需要较大的资源投入，包括更新内容的获取、培训工具和平台的建设等。培训机构和企业需要克服资源投入的挑战，通过合理规划和整合资源，确保培训的质量和效果。在职人员中存在数字鸿沟的问题，部分人可能对新技术的应用不够熟悉，影响其参与在线学习和远程培训。培训机构和企业需要关注技术普及，提供相关技术培训，缩小数字鸿沟。

随着培训模式的创新，培训评估和认证变得更为复杂。如何科学有效地评估学员的学习成果，制定相应的认证标准，是一个需要解决的问题。学科更新对于个性化学习提出了更高的要求，但在培训中仍需要保持统一标准，以确保培训的全面性和公平性。

随着人工智能技术的不断发展，智能辅导系统、个性化学习推荐系统等工具将更广泛地应用于在职培训，为学员提供更智能化、个性化的学习支持。虚拟现实（VR）和增强现实（AR）的整合：VR 和 AR 技术有望在培训中得到更广泛的应用，通过虚拟实验室、实际场景模拟等方式提供更真实、沉浸式的学习体验。学科更新导致学科之间的交叉融合，培训将更加强调跨学科的培养，培训内容和方法将更加注重跨学科综合素养的培养。

培训机构和企业将更加注重构建个性化学习路径，通过智能化系统和数据分析，为学员量身定制培训计划，提升培训的精准度和有效性。学科更新要求培养更强的团队协作和社交学习能力，培训将更加注重组建学习社群、开展团队项目等方式，推动学员在团队中的协作能力。

学科更新对在职培训提出了更高的要求，需要培训机构和企业在培训内容、培训方法和学员素养的提升等方面进行有针对性的改进。在职人员应根据学科更新的动态，培养自主学习和持续学习的意识，提高批判性思维和问题解决能力，适应学科更新对于知识和技能的不断演变。培训机构和企业需要建立灵活的培训体系，引入先进的技术支持，激励学员参与跨学科合作，以应对学科更新带来的挑战。

未来，随着智能化技术的广泛应用和学科更新的不断推进，培训将更加注重智能化工具的应用、虚拟现实和增强现实的整合，以及个性化学习路径的构建。同时，社交学习和团队协作将成为培训的重要方向，推动学员在团队中更好地应对学科更新带来的复杂挑战。通过共同努力，培训领域将更好地服务于在职人员的职业发展需求。

三、在职培训的可持续性与发展方向

在职培训作为人才培养和组织发展的重要手段，一直以来都扮演着关键的角色。随着社会经济的不断变化和科技的快速发展，如何确保在职培训的可持续性，满足不断变化的需求，成为一个亟待解决的问题。本书将探讨在职培训的可持续性，并提出未来的发展方向，包括培训内容的创新、培训方法的多样化、技术支持的强化等方面。

（一）在职培训的可持续性挑战

随着科技和行业的发展，知识的更新速度加快，传统的培训内容可能很快过时，导致培训效果不佳。在职人员来自不同领域、不同层次，其需求和背景差异较大，如何满足多样化的学员需求，是在职培训面临的挑战之一。

许多组织在培训方面的投入有限，包括经费、人力、时间等资源，这限制了培训的深度和广度。部分在职人员可能因为数字化技术的不熟悉而面临数字鸿沟，这使得一些先进的培训方法和工具难以普及。

（二）在职培训的可持续性发展方向

1. 培训内容的创新与个性化

为了更好地满足不同学员的需求，培训可以向更个性化的方向发展。通过了解学员的背景、职业规划和兴趣，制定定制化的培训计划，使培训更有针对性。培训内容需要更贴近当前行业的前沿知识，及时引入最新的研究成果和行业趋势，保持培训的时效性。学科之间的交叉融合越来越普遍，培训可以更多地涵盖跨学科的内容，提高学员的综合素质和跨领域应用能力。

2. 培训方法的多样化与灵活性

发展更先进、用户友好的在线学习平台，提供丰富多样的学习资源，支持学员灵活学习，打破时间和地域的限制。结合线上和线下的培训方式，创造更丰富的学习体验。线上提供基础知识学习，线下进行实践操作和互动交流。将培训内容拆分成小模块，学员可以根据自己的学习需求选择性地学习，提高培训的个性化程度。强调实践操作和项目实战，通过参与真实项目来提高学员的实际应用能力，培养解决实际问题的能力。

3. 技术支持的强化与智能化应用

引入智能辅导系统，根据学员的学习情况提供个性化的学习建议，提高培训的针对性和效果。利用虚拟实验室技术，使学员能够进行实验操作，提升实际操作能力，尤其适用于涉及实验和实际操作的领域。利用 AR 和 VR 技术提供更沉浸式的学习体验，加强培训的实战性和趣味性。收集学员学习过程中的数据，进行分析，及时调整培训计划，提供个性化的学习反馈。

4. 社交学习和团队协作的促进

建立学员社交平台，促进学员之间的交流和合作，形成学习社群，增强学员的学习动力。引入团队项目合作，培养学员在团队中的沟通、协作和领导能力，适应工作中的团队合作环境。建立导师制度，为学员提供个性化的指导和辅导，促进学员在学科领域的深入思考和实际操作。组织可持续的培训需要建立长期的培训计划，明确培训的战略方向和目标，确保培训与组织发展相互契合。随着环境的变化，培训策略也需要不断更新。定期评估培训效果，根据反馈和数据调整培训方案，保持培训的有效性。培训文化是组织内部对于学习和发展的一种价值观，通过建立培训文化，鼓励员工持续学习，增强组织的学习氛围。

5. 资源整合与合作机制

建立与高校、研究机构、行业协会等的合作伙伴关系，共享资源，充分利用外部专业力量提升培训水平。利用公共培训资源，通过政府、行业组织等渠道整合培训资源，提供更广泛的培训机会，促进行业整体的人才提升。在组织内部，整合各部门的培训资源，形成全面的培训体系，确保培训的全员覆盖和全面提升。

6. 法律法规和政策支持

政府可通过制定相关政策，鼓励企业和组织开展在职培训，提供税收优惠、补贴等激励措施，推动培训事业的可持续发展。建立健全的法规体系，规范培训行业的发展，保障培训的质量和合法权益，营造有利于培训发展的法治环境。

（三）在职培训的未来趋势

随着人工智能、大数据等技术的不断发展，智能化技术将深度融合在在职培训中，为学员提供更个性化、智能化的学习体验。可穿戴设备将成为培训的新工具，通过智能眼镜、智能手环等设备，提供更直观、实时的学习信息和指导。

VR 和 AR 技术将在培训中得到广泛应用，通过虚拟实境和增强实境，提供更真实、沉浸式的学习环境。培训将更加注重个性化学习路径的构建，通过数据分析和智能系统，为学员提供更符合其学习需求的定制化培训计划。随着全球化的发展，培训将更加注重国际合作，开展跨国培训项目，促进不同国家和地区的人才共享和交流。

社交学习将成为培训的重要组成部分，通过在线社交平台、团队项目合作等方式，促进学员之间的交流与合作。在职培训将更加关注环境可持续性，推动绿色培训，减少资源浪费，提倡低碳、可持续的培训模式。

在职培训的可持续性是一个涉及多方面的综合性问题，需要培训机构、企业、政府以及社会各界的共同努力。通过不断创新培训内容，多样化培训方法，强化技术支持，建立良好的合作机制，培训事业才能在未来持续发展。在可持续发展的过程中，需要关注人才的全面素养，提高学员的综合能力，助力组织和个人应对不断变化的挑战，形成共赢的局面。通过合作与创新，未来在职培训将更好地服务于组织和员工的共同发展。

第四节 新时代辅导员队伍的国际交流与合作

一、国际化培训项目的开展与合作

随着全球经济的日益一体化和跨国企业的增多，国际化培训项目逐渐成为组织提升员工综合素质、适应全球竞争的重要手段。本书将探讨国际化培训项目的开展与合作，包括项目设计、合作模式、实施策略等方面，以期为组织和机构参与国际化培训提供有益的思路和建议。

（一）国际化培训项目的背景与意义

全球化是当今社会的主要趋势，企业需要拓展国际市场，员工需要具备全球化的视野和能力。国际化培训项目成为提升员工国际竞争力的有效途径。随着人才的跨境流动增加，培训项目的国际化可以更好地适应员工在不同国家工作和交流的需求，促进人才的全球合作与协同发展[①]。

国际化培训项目可以带来不同文化、不同行业的知识更新和共享，促进创新与跨领域合作，提高员工的综合素养。参与国际化培训项目有助于提升组织的国际品牌形象，同时

---

① 林可全. 高校辅导员队伍专业化建设 [M]. 长沙：中南大学出版社，2018:118.

体现了企业的社会责任感，为企业树立良好的企业公民形象。

（二）国际化培训项目的设计与策划

在启动国际化培训项目之前，进行全面的需求分析，了解员工的国际化需求、学科背景、语言水平等，以确保培训项目的针对性和实用性。设定明确的培训目标，确定培训内容和课程设置。国际化培训项目可以包括文化沟通、跨文化管理、国际商务等方面的内容，确保学员能够全面提升国际竞争力。

邀请具有国际视野和丰富实践经验的师资团队，包括本国和国际专家，以保障培训的专业性和多元性。针对国际化培训，语言培训是至关重要的一环。提供专业的语言培训，帮助学员提高英语或其他必要语言的沟通能力。安排学员参与文化体验活动，如实地考察、企业访问等，以促进跨文化理解和实际应用能力的提升。

（三）国际化培训项目的合作模式

与国际高校建立合作关系，共同开展培训项目。高校通常拥有丰富的教育资源和国际师资，为培训项目提供专业支持。与跨国企业或国际性企业合作，借助其全球化业务网络和资源，共同开展培训项目。这种合作模式有助于结合实际业务需求进行培训。

与国际行业协会建立合作关系，共同制定培训标准和课程设置，确保培训内容符合行业要求。利用政府支持和国际援助项目，开展跨国培训合作。政府的支持可以提供资金和政策保障，促进项目的可持续发展。利用国际在线学习平台，与国际性的在线培训机构合作，进行远程培训，实现全球范围内的学员参与。

（四）国际化培训项目的实施策略

设立专业的项目管理团队，制定详细的项目计划和时间表，定期进行监控和评估，确保项目的顺利实施。国际化培训项目涉及多方合作，沟通和协调至关重要。建立高效的沟通机制，确保信息畅通，及时解决问题。

在培训过程中收集学员的反馈意见，及时调整培训方案，确保培训的灵活性和适应性。提供文化适应的支持，为学员提供文化差异的培训，帮助其更好地适应跨文化工作环境。

设立合适的考核机制和认证体系，为学员提供合格证书或专业认证，增加培训的实用性和吸引力。利用先进的在线学习平台和工具，提供多样化的学习资源，支持学员随时随地进行学习，促进全球范围内的学员互动和合作。在培训过程中，注重企业文化的融合。通过引入企业案例、组织文化培训等方式，使学员更好地理解和融入企业文化。在培训项目的设计中考虑可持续性因素，包括培训内容的更新、资源的循环利用等，确保培训项目的长期发展。

（五）国际化培训项目的挑战与对策

学员可能面临语言障碍，影响学习效果。针对这一问题，可以设置语言培训课程、提供翻译服务，帮助学员更好地理解培训内容。不同国家和地区存在文化差异，可能导致学员在沟通和合作中产生困扰。可以通过文化适应培训、跨文化沟通课程等方式帮助学员适应文化差异。

跨国培训面临不同时区和地理位置的限制，影响学员的参与度。采用灵活的学习时间安排、提供录播课程等方式，降低时间和地域的限制。学员来自不同的国家和行业，背景差异大，可能导致学员之间的学习进度不一致。通过模块化培训、个性化学习路径的设置，满足不同学员的需求。国际化培训项目的可持续性需要考虑各方面的因素，包括资金支持、合作伙伴关系、市场需求等。建立健全的项目管理和运营机制，确保项目的长期发展。

（六）国际化培训项目的未来趋势

随着数字化技术的发展，虚拟现实（VR）、人工智能（AI）等技术将更广泛应用于国际化培训，提供更丰富的学习体验。未来国际化培训将更加注重个性化学习，根据学员的背景、兴趣和需求，提供定制化的学习路径，增强学员的学习动力。

国际化培训项目将更加注重跨学科的综合培训，培养学员在多领域的知识和技能，提高其解决复杂问题的能力。建立全球人才共享平台，通过国际化培训项目将全球范围内的优秀人才连接起来，促进全球人才的共享和合作。

国际化培训项目将更加注重可持续发展的理念，包括环境可持续性、社会责任等方面的考量，推动培训项目与可持续发展目标的融合。强化社交学习和团队协作元素，通过在线社交平台、团队项目合作等方式促进学员之间的交流与合作。

国际化培训项目的开展与合作是组织适应全球化挑战、提升员工国际竞争力的重要举措。通过合理的项目设计、多元的合作模式、灵活的实施策略，可以更好地满足学员的需求，促进国际人才的培养和交流。然而，国际化培训项目面临诸多挑战，需要在设计和实施中不断创新，不断调整和优化，以确保项目的可持续发展和长期效果。未来，随着科技的发展和社会的变革，国际化培训项目将迎来更多的机遇和挑战，需要各方共同努力，推动国际化培训事业不断发展。

二、跨文化交流对专业化培训的启示

跨文化交流在当今全球化的背景下显得尤为重要，不仅影响着国际组织和企业的运营，也对专业化培训提出了新的挑战和机遇。本书将探讨跨文化交流对专业化培训的启示，分析在不同文化背景下进行专业化培训的必要性，以及如何充分利用跨文化交流的优势，促进培训的质量和效果提升。

（一）跨文化交流与专业化培训的紧密关系

随着全球化的不断推进，企业和组织面临着更广泛的国际竞争和合作。跨文化交流成为组织和员工必须具备的核心素质，也决定了专业化培训需要更加关注国际化和多元化。组织内部的员工群体日益多元化，涵盖不同国家、不同文化背景的人才。为了适应多元文化的工作环境，专业化培训需要考虑到不同文化下的学习风格、思维方式等因素。不同文化之间存在着语言、价值观、沟通方式等方面的差异，这些差异可能会成为专业化培训的障碍。因此，跨文化交流的理解和应对成为培训的重要一环。

（二）跨文化交流对专业化培训的启示

专业化培训应该注重培养学员的跨文化敏感性，使其能够理解和尊重不同文化的差异。培训项目可以通过提供文化背景介绍、跨文化案例分析等方式，帮助学员更好地适应跨文化环境。在专业化培训的课程设计中，应考虑到不同文化背景下学员的学习风格和需求。灵活运用多种教学方法，包括小组讨论、角色扮演、案例研究等，以满足不同学员的学习偏好。

在培训项目中引入跨文化合作的机会，通过团队项目、国际合作案例等方式，激发学员之间的交流与合作，培养团队协作的能力。跨文化交流中语言是沟通的关键。专业化培训可以包括语言培训课程，帮助学员提高跨文化沟通的语言水平，减少语言障碍对培训效果的影响。

在专业化培训中引入跨文化导师，他们可以是具有丰富国际经验的专业人士，通过分享经验、提供指导，帮助学员更好地适应跨文化环境。

（三）跨文化交流对专业化培训的挑战

不同文化之间存在的价值观、信仰、沟通方式等差异，可能导致学员在培训过程中对某些概念和理念理解的困难。这需要培训机构通过深入了解学员的文化背景，有针对性地调整培训内容。语言差异、非语言交流的差异、沟通方式的不同等因素可能成为跨文化沟通的障碍。培训项目需要关注如何解决这些问题，提高学员的跨文化沟通能力。

在跨文化环境下，可能会出现文化冲突。培训项目需要为学员提供解决文化冲突的工具和技能，培养其处理冲突的能力。在跨文化合作中，由于不同文化的工作习惯和价值观的差异，可能会出现协调困难的情况。培训项目可以通过模拟实际工作场景、开展团队建设活动等方式，提高学员的协调和合作能力。

（四）充分利用跨文化交流的优势

跨文化交流可以帮助学员拓宽视野，深入了解不同文化的知识、经验和观念，提高其全球化背景下的工作和管理能力。跨文化交流能够激发创新思维，通过融合不同文化的观点和思考方式，促使学员在解决问题和制定战略时更具多元化的思考。

通过跨文化交流，学员可以更好地适应国际化的工作环境，增强国际竞争力。对于企业来说，拥有能够在不同文化中运营的专业人才是一项战略性的优势。跨文化交流有助于加强团队协作能力。学员在跨文化团队中学习如何有效地与来自不同文化背景的人合作，培养了解和尊重他人的态度，从而更好地协同工作。跨文化交流为学员提供了成为全球领导者的机会。具备跨文化管理能力的专业人才更容易在国际舞台上发挥领导作用，推动组织的全球发展战略。

（五）在专业化培训中应用跨文化交流的策略

在专业化培训中，制订专门的跨文化培训计划，包括文化背景介绍、跨文化沟通技巧、国际业务实践等内容，以提升学员的跨文化能力。在培训项目中设立跨文化学习小组，由来自不同文化背景的学员组成，通过小组合作学习，促进跨文化交流与合作。在培训中引入具有丰富跨文化经验的导师，通过讲座、研讨会等形式，分享实际经验，为学员提供跨文化交流的指导和支持。

安排文化交流活动，例如国际文化节、文化之夜等，为学员提供更深入的文化体验，促进不同文化之间的交流。利用在线平台进行跨文化学习，包括虚拟文化体验、在线文化课程等，帮助学员更灵活地获得跨文化知识。设计跨文化实践项目，让学员有机会亲身体验不同文化环境，提升在实际工作中应对跨文化挑战的能力。

跨文化交流对专业化培训提出了新的要求和挑战，但同时也为培训项目带来了丰富的机遇。通过培养学员的跨文化敏感性、设计多元化课程、促进跨文化合作等策略，专业化培训可以更好地适应全球化的需求，培养具备跨文化能力的专业人才。未来，随着全球化的深入和跨文化交流的不断加强，专业化培训将更加注重跨文化元素的融入，为学员提供更全面、更国际化的学习体验，助力其在全球舞台上取得更大的成功。

三、国际合作中的经验共享与创新

在全球化的时代背景下，国际合作已经成为各个领域不可或缺的一部分。经验共享与创新作为国际合作的重要组成部分，对于推动各国共同发展、解决全球性问题具有重要意义。本书将探讨国际合作中的经验共享与创新，分析其在不同领域中的应用与影响，以及如何促进更加深入的国际交流与合作。

（一）国际合作的背景与意义

环境问题、公共卫生、贸易、安全等全球性挑战需要国际社会共同应对。国际合作成为解决这些问题的有效途径。国际合作可以促使各国共享资源，包括技术、人才、资金等，从而推动科技创新和经济发展。国际合作有助于促进不同文化之间的交流，增进相互了解与尊重，构建多元文化的国际社会[①]。

国际合作是维护全球和平与安全的关键，通过共同努力，降低战争和冲突的风险，促进地区与全球的稳定。

（二）经验共享的重要性与方式

经验共享有助于知识的传递，各国可以借鉴彼此的成功经验，避免重复努力，提高解决问题的效率。通过共享经验，国际合作的参与方可以减轻学习曲线，更快地适应新环境、新技术，提高工作效率。经验共享不仅有助于借鉴成功经验，也为创新提供了更多的可能性。各国通过合作，共同探索新的解决方案，推动创新的发展。

经验共享有助于建立国际信任关系，通过分享实际操作经验，各国更容易建立起合作伙伴关系，推动合作的深入发展。

（三）国际合作中的经验共享案例

国际卫生组织通过经验共享，推动了全球公共卫生事业的发展。例如，在疫苗研发、疾病防控等方面，各国通过分享成功的防控经验，共同提升了全球卫生水平。国际环保组织通过经验共享，推动了全球环境保护的合作。各国在环境监测、可持续发展等领域分享经验，共同努力解决气候变化等全球性环境问题。

国际间的教育合作中，经验共享是提高教育质量的有效手段。各国可以分享教学方法、课程设计经验，促进教育水平的提升。跨国科研项目中，经验共享是推动科技创新的重要途径。各国科学家通过合作，共享实验数据、研究方法，加速科技领域的发展。

（四）创新在国际合作中的作用

创新是解决全球性问题的重要手段。国际合作中的创新可以为环境保护、公共卫生等全球性挑战提供新的解决方案。创新是经济增长的推动力。通过国际合作，各国可以共同投入创新资源，推动科技创新，促进经济的跨国发展。

创新有助于构建更加开放的国际合作体系。开放合作促使各国更加愿意分享新的技术、方法，共同应对全球性挑战。创新不仅仅是技术和科学领域的创新，还包括文化、艺术等

---

① 王传刚. 新时代高校辅导员队伍建设与能力提升研究 [M]. 北京：中国政法大学出版社，2019:150.

多个方面。国际合作中的创新有助于促进文化的多元交流。

（五）促进更深入的国际交流与合作的策略

建立开放的国际合作平台，为各国提供分享经验、合作创新的机会，促进更多领域的深度合作。通过人才培养，培养具有国际视野和创新思维的人才。这些人才将成为国际合作中的桥梁，推动经验共享与创新。

设立国际性的奖项与荣誉，表彰在经验共享与创新方面取得卓越成就的机构、团队和个人，激励更多人投身到国际合作中。支持跨国科研项目，提供资金、资源和政策支持，鼓励各国科学家共同攻关，促进科技创新。建立国际科技创新基金，用于支持各国在创新领域的合作项目，推动科技成果的共享与应用。

国际组织在经验共享与创新中发挥着重要作用，加强国际组织的功能，提升其在全球合作中的引领力。加强教育领域的国际交流，鼓励学生、教师的跨国交流与合作，为各国教育体系的创新提供新的思路。在国际合作框架下设立创新研究中心，集聚全球顶尖科学家、学者，推动前沿科研成果的合作与分享。

（六）国际合作中的挑战与对策

不同国家存在着文化差异，这可能影响到经验共享和创新的有效性。对策是通过跨文化培训、文化交流活动等方式增进相互理解，建立更加融洽的合作氛围。一些国际合作可能受制于政治因素，政治冲突和国家之间的紧张关系可能妨碍经验共享与创新。对策是在国际组织的引领下，推动政治对话，减少政治因素对合作的干扰。在经验共享和创新中，涉及知识产权的问题。各国需要建立公平的知识产权保护机制，以确保合作成果的公正分配。

一些国家可能因为资源不足而难以参与到经验共享和创新中。国际社会需要通过设立资金支持机制、提供技术援助等方式，促进资源的均衡分配。不同国家使用不同的语言，语言障碍可能成为合作中的障碍。建立多语言交流机制、提供语言培训等措施可以帮助克服语言障碍。

国际合作中的经验共享与创新是全球发展的重要引擎。通过借鉴各国的成功经验、推动创新，国际社会可以更好地应对共同面临的挑战，促进经济增长、科技进步、文化繁荣等方面的共同发展。在面对挑战时，国际社会需要共同努力，建立更加开放、公平、可持续的国际合作体系，实现各国共同繁荣与进步。通过加强经验共享与创新，我们可以共同创造一个更美好的未来。

第五节　专业资格与认证体系的新发展

一、专业资格标准的制定与更新

专业资格标准是对于特定职业领域从业者应具备的知识、技能、素质等方面的要求的规范性文件。其制定与更新关乎职业素养的提升、行业发展的规范以及从业者的职业竞争力。本书将探讨专业资格标准的制定与更新过程、影响因素以及其在不同行业中的应用与意义。

（一）专业资格标准的概念与作用

专业资格标准是对于某一特定职业领域的从业者应具备的专业知识、技能、经验和素质等方面的要求的详细描述，是一种规范性文件。专业资格标准为从业者提供了明确的行为准则，规范了其职业行为，有助于提高从业者的职业操守。通过规定的专业知识和技能要求，促使从业者不断学习提升，提高整体职业素养水平。专业资格标准是服务于社会需求的产物，其制定旨在确保从业者满足社会对于特定行业或职业的需求。

（二）专业资格标准的制定过程

确定特定职业领域的从业者的需求，包括技能、知识、素质等各方面的要求。对目标行业进行深入研究，了解其发展趋势、技术变革等，为制定标准提供行业背景和参考。邀请相关领域的专家学者参与制定，通过专业的意见和建议来确保标准的科学性和实用性。将初步制定的标准向社会公开，接受各界反馈，充分考虑各方意见，确保标准的合理性和可行性。根据社会吸纳的意见和行业发展的变化，对标准进行修订与完善，保持其与行业实际的契合度。

（三）专业资格标准的更新机制

建立定期检讨机制，对专业资格标准进行定期评估，确保其与行业的发展趋势和技术变革保持同步。随着行业的技术变革和发展，及时引导专业资格标准的更新，确保从业者具备应对新技术和新趋势的能力。及时响应法规政策的变化，将法规政策要求纳入专业资格标准，确保从业者的行为符合法规要求。根据市场需求的变化，灵活调整专业资格标准，使其更好地适应市场的实际需求。

（四）专业资格标准的影响因素

不同行业的特点会直接影响到专业资格标准的制定，例如，医疗行业和 IT 行业对于技能和知识的要求就有明显区别。随着科技的不断发展，行业的技术水平也在不断提高，这将直接影响到专业资格标准的更新。

政府法规和政策对于某些行业的要求会在一定程度上影响专业资格标准的制定，确保从业者的行为符合法规。行业市场的需求决定了从业者的基本素质，专业资格标准需要与市场需求相适应。

从社会各界获得的反馈将直接影响到专业资格标准的修订，确保标准符合社会的期望。

（五）不同行业中专业资格标准的应用与意义

在医疗行业中，专业资格标准直接关系到医生、护士等从业者的专业水平，保障了患者的安全和医疗质量。IT 行业的快速发展要求从业者具备不断学习和适应新技术的能力，专业资格标准成为评价从业者技术水平的标杆。

在建筑行业中，工程师、设计师等从业者的专业资格标准直接关系到建筑项目的质量和安全，对于建筑行业的可持续发展至关重要。金融行业对从业者的专业素养要求较高，专业资格标准有助于确保金融从业者的专业道德和金融知识水平。

在教育行业中，教育者的专业资格标准直接关系到教育质量和学生的学习效果，是保障教育水平的关键。法律行业对律师的专业素养提出了严格要求，专业资格标准有助于确保律师的法律专业水平和职业操守。

（六）专业资格标准的挑战与对策

部分行业涉及多个学科领域，专业资格标准需要跨学科合作。对策是建立跨学科的专业资格标准制定机制，吸引不同领域的专家参与。部分行业需要面对国际市场，因此需要考虑与国际标准的一致性。对策是积极参与国际标准制定，确保本国标准与国际接轨。

随着科技的发展，一些行业的技术更新速度较快，专业资格标准需要更加灵活。对策是建立快速响应机制，定期更新标准以适应技术变革。专业资格标准制定需要紧密结合人才培养，确保标准的实施与人才的培养相互支持。对策是与教育机构紧密合作，制定符合实际的资格标准。

在制定标准时，需要考虑到各类人群的差异，保障标准的公平性和包容性。对策是引入多元化的意见和建议，确保标准不偏袒某一特定群体。专业资格标准的制定与更新是一个动态的过程，需要根据行业特点、技术发展、市场需求等因素不断调整。通过科学合理的制定与更新，专业资格标准可以有效地规范从业者行为，推动从业者提升职业素养，服务社会需求。未来，随着社会的发展和行业的变革，专业资格标准将继续发挥重要作用，为各行业的可持续发展提供坚实的基础。

二、认证体系的建设与运行机制

认证体系是对于组织、产品、服务或个人的一种权威的、独立的、公正的确认，其建设与运行机制直接关系到认证的可信度和有效性。本书将探讨认证体系的建设过程、运行机制的关键要素以及认证对于不同领域的应用与意义。

（一）认证体系的概念与作用

认证体系是指通过一系列的评估和审核程序，对于组织、产品、服务或个人的合规性、符合性或者达到某种标准的程度进行公正、独立的确认的体系。认证体系通过独立的审核和评估，提高了认证对象的可信度和在市场上的信任度。

通过认证体系的建设，促使组织、产品或服务提升质量水平，符合相关标准和规范。

认证体系的建设有助于推动国际贸易，因为不同国家或地区的认证标准可以通过认证体系的对接来实现互认。通过认证，消费者可以更好地了解产品或服务的质量、安全性，保障其权益。

（二）认证体系的建设过程

确定认证体系的具体目标，包括认证的对象是组织、产品、服务还是个人，以及认证的标准和要求。制定适用于认证对象的标准和规范，这些标准可以是国家标准、行业标准或国际标准。成立独立的认证机构，负责实施认证工作，确保其独立性、公正性和专业性。对于参与认证的人员进行培训，确保其具备专业知识和评估能力，以保证认证的准确性和可靠性。根据认证标准和程序，对认证对象进行审核和评估，确保其符合认证要求。将认证结果公示，包括认证证书、标志等，使得认证对象在市场上具备竞争优势。

对已认证的对象进行定期监管和审查，确保其持续符合认证标准。同时，及时更新认证标准，以适应行业发展的变化。

（三）认证体系的运行机制

认证体系需要建立独立于认证对象的机构，确保其独立性和公正性，以维护认证的权威性。认证体系的运行应该是透明的，认证标准、程序、结果都应对外公开，确保认证的可追溯性，使得认证过程能够被监督和评估。认证体系需要积极与各方合作，包括政府、行业协会、企业和消费者等，形成多方参与的合作机制，促进认证的广泛应用。

引入现代技术手段，如信息化管理系统，提高认证体系的效率和准确性，同时保障认证信息的安全性。在认证体系运行中，需要建立风险管理机制，对于可能影响认证结果的因素进行评估和控制，确保认证的可靠性。建立完善的投诉处理和争议解决机制，对于认证结果引起的争议或投诉能够及时、公正地得到解决。

（四）不同领域中认证体系的应用与意义

质量管理体系认证（ISO 9001）适用于各类组织，有助于提升组织的管理水平、优化流程，提高产品或服务的质量。环境管理体系认证（ISO 14001）适用于各类组织，有助于组织合理利用资源，降低环境影响，推动可持续发展。信息安全管理体系认证（ISO 27001）适用于各类组织，有助于保障信息资产的安全，防范信息泄露和网络攻击。产品认证（CE 认证、食品安全认证等）适用于各类产品，有助于证明产品符合相关标准和法规，提高产品的市场竞争力。服务认证（ISO 20000、ISO 9001）适用于服务行业，有助于提高服务质量、管理效率，增强服务机构的市场信誉。食品安全管理体系认证（ISO 22000）适用于食品生产和供应链，有助于确保食品安全，保护消费者权益。社会责任认证（ISO 26000）适用于各类组织，有助于组织履行社会责任，促进可持续发展。

（五）认证体系的挑战与对策

不同国家或地区的标准可能存在差异，需要建立国际接轨的认证标准。对策是加强国际合作，推动标准的一致性。一些认证机构可能受到经济、政治等因素的影响，可能导致认证结果不公正。对策是建立监督机制，确保认证机构的独立性。

认证过程可能会消耗大量时间和金钱，对中小企业而言可能面临较大的负担。对策是简化认证流程，减少认证成本。一些认证标准可能滞后于技术和行业的发展，需要及时更新。对策是建立快速响应机制，保持标准的前瞻性。

在信息化的认证体系中，信息安全问题可能成为一大隐患。对策是加强信息安全管理，采用先进的技术手段。认证体系的建设与运行机制是一项综合性的工程，需要各方共同努力，确保认证的独立性、公正性和可靠性。通过不断完善认证标准、加强国际协作、简化认证流程等手段，认证体系将更好地为组织、产品、服务和个人的发展提供有力支持。在全球化、信息化的背景下，认证体系的作用将更加凸显，为经济社会的可持续发展贡献更多的力量。

第四章　新时代高校辅导员队伍的素质评价体系

第一节　素质评价的新时代概念与内涵

一、新时代背景下素质评价的理论基础

素质评价是对个体综合素养和能力的评估体系，随着社会的不断发展，对于素质评价的需求越来越迫切。在新时代，素质评价理论基础的建构至关重要，它直接影响到教育、职业发展和社会进步[①]。本书将深入探讨新时代背景下素质评价的理论基础，包括素质观念、评价体系、教育理念等方面。

（一）素质观念的演变

传统上，素质主要被理解为个体的道德品质、文化修养等，强调人的综合素养和道德品质的培养。随着社会的发展，对素质的定义逐渐扩展为综合素质，包括知识、技能、态度、价值观等多个方面，注重培养个体的全面发展。

近年来，素质观念更加强调个体的能力，强调培养学生解决问题、创新、沟通等实际能力，突出实用性和应用性。新时代背景下，素质观念更加强调全人发展，不仅关注知识和技能的培养，还注重情感、品德、创新等方面的提升。

（二）素质评价体系的构建

新时代背景下，强调多元评价，包括定性和定量的评价方法，综合运用考试、作品展示、实践表现等多种手段。强调综合评价，不仅关注学科知识的掌握，还注重学生的实际能力、团队协作、创新能力等方面，形成更为全面的评价。

强调个性化评价，关注每个学生的特长、兴趣、特殊能力，根据个体差异量身定制评价方案。将社会实践与评价结合，注重学生在社会实践中所展现的能力和表现，强调对社

---

① 张凯．高校辅导员队伍建设与工作发展研究［M］．延吉：延边大学出版社，2020:20.

会责任的担当和实际应用能力。

（三）教育理念的影响

新时代背景下，素质教育理念逐渐成为主流。强调培养学生的创新能力、实际应用能力，注重个体全面发展。教育的目标从单一的知识传递转变为能力培养，注重学生的实际动手能力、解决问题的能力等。

强调全人发展，关注学生的身心健康、情感态度、价值观等多个方面，追求学生的全面发展。新时代教育更注重个体差异，倡导个性化教学，根据学生的兴趣、特长和需求，量身定制教育方案。

（四）新技术与素质评价的融合

利用大数据分析技术，可以更全面地了解学生的学习情况、兴趣爱好和学科特长，为个性化评价提供数据支持。利用人工智能技术，可以对学生的作品、表现进行自动化评价，提高评价的效率和客观性。结合在线学习平台，可以实时监测学生的学习进度、参与度和学科能力，为及时调整教学策略提供依据。

利用虚拟实验和模拟技术，可以对学生在实际操作中的能力进行评价，弥补传统评价方式的不足。利用互动式教学工具，可以收集学生在课堂互动中的表现，更全面地了解其思维能力和沟通技巧。

（五）素质评价的挑战与未来发展方向

如何在注重个体差异的同时保持评价的客观性，是一个需要解决的难题。在多元、综合的评价体系中，需要建立科学合理的评价标准，确保评价的准确性和公正性。

在利用大数据等技术进行评价时，需要更加重视学生数据的隐私保护和安全性。引入新的评价体系需要教师具备新的评价方法和技能，因此需要进行教师专业发展。新时代素质评价理论的建构需要获得社会的认可，需要进行广泛宣传和教育。

未来，素质评价理论将更加注重跨学科的融合，强调学科知识与实际应用的结合。同时，随着技术的不断发展，可能会涌现出更多创新的评价方式和工具。社会对于素质评价的需求将会推动其不断发展，使之更好地适应新时代教育的要求。

在新时代的背景下，素质评价的理论基础至关重要，它直接关系到教育体系的改革和学生的全面发展。通过对素质观念的演变、评价体系的构建、教育理念的影响以及新技术的融合进行深入剖析，可以更好地理解新时代素质评价的理论基础。未来，随着教育理念的不断深化和技术的不断创新，素质评价理论将继续发展，为教育提供更科学、更有效的评价体系。

二、素质评价与辅导员队伍建设的关系

素质评价和辅导员队伍建设都是教育领域中至关重要的议题，它们直接关系到学生的全面发展和学校的教育质量。素质评价强调个体的全面素养和能力培养，而辅导员队伍建设涉及教育管理者和辅导员个体的能力提升。本书将深入探讨素质评价与辅导员队伍建设的关系，包括二者的互动影响、共同目标以及如何优化辅导员队伍以促进素质评价的有效实施。

（一）素质评价对辅导员队伍建设的影响

素质评价强调全人发展，辅导员队伍需要认识到其在学生全面发展中的使命。素质评价促使辅导员更加明确自身的教育目标，关注学生的品德、能力和创新潜力。素质评价要求学校培养学生的多元能力，辅导员队伍需要具备相应的能力来引导学生。因此，素质评价推动学校对辅导员的培训与提升，使其更好地适应学生的综合素质发展需求。

素质评价注重学生个体的全面发展，辅导员队伍需要形成协作机制，共同制定全校素质发展目标，形成集体智慧，共同推动学生的综合素养提升。素质评价倡导学科交叉与综合发展，辅导员队伍需要更好地与各学科融合，协助学生形成全面的知识结构，提升其跨学科能力。素质评价不仅仅关注学生的学科表现，还关注其心理健康和人际关系。辅导员队伍需要更关注学生的心理状态，提供情感支持，推动学生全面成长。

（二）辅导员队伍建设对素质评价的支持

辅导员队伍在学校中扮演重要角色，他们能够全方位了解学生的学业和生活情况。通过建设优秀的辅导员队伍，学校可以更好地为素质评价提供实际支持。辅导员队伍建设可推动个性化辅导的实施。通过更好地了解学生的兴趣、特长和需求，辅导员可以为学生提供更个性化的培养方案，有助于素质评价的全面展开。

辅导员队伍可以引导学生进行职业规划和个人发展规划，为学生提供更有针对性的培养建议，使其在素质评价中能够更好地展现自身潜力和特长。辅导员队伍建设需要注重提升辅导员的专业水平，使其更好地理解素质评价的理念和方法，有助于推动学生综合素养的提升。

辅导员队伍建设的有效推进需要与教育改革保持协同。只有在整体教育理念发生变革的背景下，辅导员队伍才能更好地支持学校实施素质评价。

（三）共同目标的实现

素质评价和辅导员队伍建设的共同目标在于推动学生全面发展。通过对学生的品德、

能力、兴趣等方面的评价，激发其潜力，辅导员队伍则通过提供全方位支持，引导学生更好地发展。共同目标之一是培养创新人才。素质评价通过注重创新能力的培养，辅导员队伍则通过提供创新教育、创业指导等方面的支持，共同致力于培养具有创新精神的学生。

素质评价强调学生的全面发展，辅导员队伍建设则关注学生的心理健康。共同目标在于使学生在全人素质的培养过程中，能够保持身心健康，辅导员通过心理辅导和关怀，为学生提供情感支持，共同关注学生的身心健康。

共同目标在于实现学生个性化发展。素质评价通过多元评价方式强调个体差异，辅导员队伍建设则通过个性化辅导、规划，关注学生的兴趣、特长，共同致力于激发每个学生的个性化潜力。共同目标在于培养具有社会责任担当的学生。素质评价通过社会实践等方面的评价，辅导员队伍建设则通过引导学生参与社会活动，培养其社会责任感，共同促进学生成为具有社会担当的公民[①]。

（四）优化辅导员队伍以促进素质评价的有效实施

学校可通过组织专业培训、学术交流等方式，提升辅导员的学科知识和教育管理能力，使其更好地理解和应对素质评价的相关理念和方法。学校可倡导学科交叉合作，鼓励辅导员与各学科紧密合作，形成跨学科的辅导团队，以更全面地推动学生的素质发展。

学校可建立科学合理的辅导员绩效评价机制，既关注学科知识水平，也注重其在学生素质发展中的贡献，以激励辅导员更好地履行使命。学校可设立专业发展通道，鼓励辅导员参与科研、教学创新等活动，提供更多的发展机会，使其在专业发展中与素质评价理念相契合。

学校可组织团队协作培训，强化辅导员队伍的协同工作能力，使其更好地配合学校对学生全面素质的评价和培养。学校可整合新技术，如大数据分析、人工智能辅助评价等，为辅导员提供更全面、准确的学生信息，促进素质评价的精细化和个性化。学校可设立创新实践基金、项目，鼓励辅导员参与创新实践，促使其在学科交叉、实践活动中发挥更大的作用。

（五）面临的挑战与未来发展方向

辅导员队伍可能存在一部分成员对素质评价理念的认知不足，学校需要通过宣传教育、培训等手段提升理念认知水平。一些辅导员可能缺乏专业发展机会，学校需要提供更多的学术交流、进修等机会，鼓励辅导员积累更多的教育经验。

引入新技术支持可能涉及学生数据的安全和隐私问题，学校需要建立健全的数据管理制度，确保信息安全。学科之间存在差异，推动跨学科协作可能面临一定的难度，学校需

---

① 杨玲. 新时期高校辅导员工作与队伍建设研究 [M]. 沈阳：万卷出版有限责任公司，2023:24.

要加强组织与引导，促进跨学科协同发展。

　　未来，学校应持续关注素质评价和辅导员队伍建设的互动关系，通过不断优化队伍建设，激发辅导员的潜力，更好地推动学生全面发展。在全体师生共同努力下，素质评价和辅导员队伍建设将为学校教育事业带来更多创新与发展。

第二节　新时代高校辅导员素质的构成要素

一、专业知识与技能在素质中的地位

　　素质教育是一种全面培养学生的教育理念，强调培养学生的综合素质，而非仅仅关注学科知识。在这一理念中，专业知识与技能是学生素质的重要组成部分之一。本书将深入探讨专业知识与技能在素质中的地位，包括其在素质培养中的作用、与其他素质要素的关系以及在不同层次的素质发展中的具体体现。

（一）专业知识与技能在素质培养中的作用

　　专业知识与技能是学生在特定领域学科上的基础支持。它们为学生提供了理论框架和实践技能，使其具备在特定领域中深入学习和实际操作的能力。专业知识与技能赋予学生解决实际问题的能力。通过专业知识的学习和技能的培养，学生能够在实际情境中运用所学知识，解决现实生活和职业中的各种问题。

　　学生在特定领域掌握的专业知识与技能直接关系到其职业发展。这些基础性的专业素养为学生未来的职业生涯奠定了坚实的基础，使其更具竞争力。专业知识与技能的学习不仅包括已有的理论和经验，还要求学生具备创新思维和实践能力。通过对专业知识与技能的深入理解和应用，学生能够在创新领域脱颖而出。专业知识与技能起到了提升综合素质的作用。它们与其他素质要素相互交织，共同构建学生全面素质的框架。

（二）专业知识与技能与其他素质要素的关系

　　专业知识与技能与综合素养相互结合，形成学生综合素质的基础。综合素养包括文化素养、科学素养、社会素养等，而专业知识与技能则在这些领域中提供了深度和专业性。专业知识与技能的学习培养了学生的创新能力。创新不仅仅是新领域的探索，更是对已有专业知识的重新整合和创造性应用。

　　专业知识与技能在培养学生人文素养方面起到互补的作用。专业领域的深度学习使学生更好地理解人文背景和社会文化，为其全人发展提供了更广泛的视野。专业知识与技能的学习是实践能力的重要组成部分。学生在实际操作中应用所学的专业知识，提升了实践技能，使其在工作和生活中更具竞争力。专业知识与技能的跨学科应用培养了学生的跨学科能力。这种能力使学生能够在多学科的交汇点上更好地进行思考和创新。

（三）不同层次的素质发展中专业知识与技能的具体体现

在初级阶段，学生主要通过系统学习基础的专业知识，掌握基本的技能，形成对学科的初步认识。这一阶段的重点是建立知识框架和培养基本的实践能力。中级阶段，学生逐渐深入专业领域，学习更为复杂的专业知识和技能。同时，要求学生具备一定的创新能力，能够独立进行一定范围的专业研究和实践活动。在高级阶段，学生已经掌握了深度的专业知识和高级的专业技能。这一阶段的培养注重学生对专业的领导力和创新性的贡献，要求学生在专业领域中具有独特见解和高水平的实践经验。

素质教育的理念强调终身学习和发展，专业知识与技能在终身发展中依然发挥关键作用。终身发展阶段，学生需要不断更新和深化专业知识，随着社会的发展变化不断提升相关技能。这一阶段的素质发展强调学生在自己所属领域中保持敏锐的观察力和持续学习的能力。

（四）专业知识与技能在素质中的突破与创新

通过在专业知识与技能的学习中注重跨学科整合，学生可以更好地理解多学科之间的关联，促使专业知识与其他素质要素的有机结合。突破传统的理论与实践分离的观念，强调专业知识与技能的学习应与实际实践相结合，使学生能够在实际中灵活运用所学的理论知识。在全球化时代，专业知识与技能的学习需要放眼全球，关注国际前沿科技和国际产业趋势，培养学生具备全球视野的专业素养[①]。

强调专业知识与技能的学习应具有创新性，鼓励学生在实践中探索新领域、新问题，培养创新的思维和实践能力。引导学生将专业知识与技能与社会责任感相结合，使其在专业发展的同时关注社会问题，为社会发展作出贡献。

（五）面临的挑战与未来发展方向

随着知识的不断扩展和更新，学生需要面对知识爆炸的挑战。未来需要更灵活的教育体系和学习机制，使学生具备自主学习和持续学习的能力。在不同学科之间进行跨学科融合需要克服学科壁垒和传统学科分类的束缚，学校应鼓励并提供支持，使学生更好地在多学科中进行交叉学习。随着科技的飞速发展，人文关怀与技术能力的平衡成为重要挑战。未来的素质教育需要更注重培养学生的人文素养，使其在科技发展的同时保持对人文的关怀。

---

① 贝静红. 高校辅导员队伍专业化发展研究 [M]. 武汉：武汉大学出版社，2016:74.

面对全球化的发展，学生需要具备全球化的素质。学校可以通过国际化的教育合作、交流项目等方式，提升学生的国际竞争力。学校需要更加紧密地关注社会需求，调整专业知识与技能的培养方向，使之更符合社会的实际需要。

专业知识与技能在素质中扮演着重要而基础的角色，是学生全面素质发展的支持和推动力量。它与其他素质要素相互交织，共同构建学生全面素质的框架。在未来的教育中，需要通过更灵活的教育机制和不断创新的教学方式，使学生在专业知识与技能的学习中，能够更好地适应社会的发展变化，发挥专业素养在全人素质中的更大潜力。

二、情感沟通与人际关系的素质要素

情感沟通与人际关系是个体在社会交往中不可忽视的重要方面。良好的人际关系建立在有效的情感沟通基础上，而情感沟通的成功则需要一系列素质要素的支持。本书将深入探讨情感沟通与人际关系的素质要素，包括情感智力、社交技能、情绪管理、同理心等方面的关键要素。

（一）情感智力：情感认知与表达的能力

情感智力首先体现在对自己和他人情感的认知能力。这包括对自己情感的敏感性，能够准确地识别和理解自己的情感，同时也能够感知他人情感并作出合理的判断。良好的情感智力意味着个体能够有效地表达自己的情感，并选择合适的方式和语言进行情感沟通。这不仅有助于自我情感的释放，也能够促进与他人更加深入的交流。情感智力还包括对情感的调控能力，即在面对不同情境时，能够灵活调整自己的情感反应，保持情绪的平衡，避免过度激动或消沉。

（二）社交技能：建立良好人际关系的基础

有效的情感沟通离不开良好的沟通技能。这包括言语表达清晰、倾听能力强、适时的非言语表达等。通过良好的沟通技能，个体能够更好地与他人建立连接。社交技能还涉及合作与协调的能力，即在团队合作或群体中能够协调与他人的关系，形成良好的合作氛围。

在人际关系中难免会出现冲突，良好的社交技能要求个体具备冲突解决的能力，能够以平和的态度处理矛盾，寻求共赢的解决方案。

（三）情绪管理：调控情感以维护人际和谐

良好的情绪管理首先需要对自己的情绪有清晰的认知，了解自己的情感状态。同时，能够感知他人的情感，有助于更好地理解他人。良好的情绪管理要求个体具备调节和控制情绪的能力。在面对压力和挫折时能够保持冷静，避免情绪的过度波动，有助于维护人际关系的稳定。良好的情绪管理还包括积极应对负面情绪的策略，即采取积极的方式来应对压力和困难，不将负面情绪转嫁给他人，从而维护人际关系的和谐。

（四）同理心：理解他人是建立关系的桥梁

同理心体现在对他人情感的共鸣，即能够理解并感同身受他人的情感体验。这有助于建立共鸣，拉近人际关系的距离。同理心还包括对他人需求的理解，即能够关注他人的感受和期望，主动倾听他人的需求，为他人提供支持。

良好的同理心意味着能够透视他人的视角，站在他人的立场思考问题，有助于建立更为亲近和理解的人际关系。

（五）自尊与尊重：维护个体尊严的基础

良好的人际关系建立在个体有良好的自尊基础上。个体应对自己有足够的自信和自尊心，不过分谦卑也不过于自负。同时，尊重他人是维护良好人际关系的关键。尊重他人的观点、感受和需求，不侵犯他人的尊严，有助于建立相互尊重的关系[①]。

自尊与尊重还包括建立良好的个人边界，即在人际交往中清晰地表达个体的需求和底线，不随意侵犯他人边界。

（六）沟通技能：有效表达与倾听的双向交流

有效的情感沟通需要个体具备积极表达的能力。这包括清晰地表达自己的想法、感受和需求，使他人能够更好地理解个体的内心世界。在人际关系中，倾听同样是至关重要的。良好的沟通技能包括善于倾听他人，关注他人的言辞和非言辞，以真诚的态度对待他人的表达。沟通不仅仅是言语之间的交流，非言语沟通同样重要。包括面部表情、身体语言、眼神交流等，这些非言语元素能够传递更为丰富和准确的信息。

（七）自我意识与他人意识的平衡

良好的情感沟通与人际关系需要个体具备一定的自我意识。这包括对自己情感和行为的认知，清晰了解自己的优势和不足，有助于更好地与他人相处。良好的人际关系还需要关注他人的感受和需求，具备他人意识。在交往中考虑他人的感受，关心他人的需求，能够拉近人与人之间的距离。

（八）灵活性与包容性

在人际关系中，灵活性是维持关系和谐的重要因素。个体需要适应不同的社交环境，灵活处理人际关系中的变化，避免过于固执和刚性。良好的人际关系需要个体具备包容性，

---

① 柏杨. 改革开放以来高校辅导员队伍建设研究 [M]. 成都：西南交通大学出版社，2018:61.

即能够接纳他人的差异，尊重不同的观点和生活方式，构建一个开放、包容的社交氛围。

（九）建立信任与亲密关系的能力

信任是人际关系的基石，个体需要具备建立信任的能力。这包括言行一致、履行承诺、保守秘密等方面的行为，以赢得他人的信赖。有能力建立亲密关系是人际关系中的高级技能。这需要个体能够敞开心扉，与他人建立深层次的连接，分享内心感受和体验。

（十）情感共鸣与情感支持

情感共鸣是建立深厚人际关系的关键。个体需要能够理解他人的情感，与他人建立共鸣，使彼此在情感上更为亲近。在人际关系中，情感支持是至关重要的。个体需要懂得提供情感支持，关心他人的情感需求，共同分享生活中的喜怒哀乐。情感沟通与人际关系的素质要素是复杂而多元的，需要个体具备情感智力、社交技能、情绪管理、同理心等多方面的能力。这些素质要素相互交织，共同构建了人际关系的基础。在现代社会，强调多元文化、多样性的背景下，培养和发展这些素质要素对于个体的社交成功和心理健康至关重要。在教育和培训中，有针对性地提升这些素质，可以帮助个体更好地适应社会，建立积极、健康的人际关系。

第三节 评价指标与权重分配在新时代的调整

一、新时代素质评价指标与权重分配的理论依据

素质评价是对个体综合素质进行全面、多角度的评估，是教育领域中一项重要的工作。随着社会的发展和教育理念的更新，新时代对素质评价提出了更高的要求。本书将探讨新时代素质评价指标的理论依据以及权重分配的原则，以期为构建科学合理的素质评价体系提供理论支持。

（一）新时代素质教育理念

新时代强调全面发展，不仅关注知识和技能的培养，更注重个体的身心健康、审美情感、社会适应能力等方面的发展。

素质教育要培养学生的创新创造能力，强调学生具备解决问题、创造性思维的能力，而非仅仅是传统意义上的知识灌输。

强调培养学生的社会责任感和团队协作精神，使其在成长过程中能够更好地融入社会、为社会做出贡献。

（二）新时代素质评价指标

学科知识水平仍然是素质评价的重要指标之一，但不再是唯一的标准。要求学生在专业知识领域有扎实的基础，能够将知识运用到实际问题中。新时代素质评价注重培养学生的创新能力，包括解决问题的能力、创造性思维、对新事物的接受和应用能力等。

强调学生具备实际操作和实践应用的能力，包括实地实习、实验操作、项目设计等实践活动的表现。能够与他人合作、协调团队关系，具备团队协作精神是新时代素质评价的重要方面，考察学生在群体中的协作表现。强调学生对社会的责任感和担当意识，包括关心社会问题、参与公益活动等表现。要求学生具备良好的沟通能力，包括口头表达、书面表达、非言语沟通等方面的能力。关注学生的心理健康状况，包括情绪管理、压力应对、自我认知等方面的评价。

（三）权重分配的理论依据

新时代素质评价倡导全面发展，因此权重分配应该具有综合性。不仅要考虑学科知识，还要兼顾创新能力、实践能力、社会责任感等多个方面。不同学生在各个方面的发展存在差异，权重分配应考虑个体差异，注重发掘和培养每个学生的优势，促使其全面发展。

新时代素质评价要符合社会的发展需求，因此在权重分配上需要反映社会对人才的期望。例如，强调创新能力和团队协作精神是因为社会需要具备这些能力的人才。素质评价需要具有可操作性，即评价指标和权重分配要能够在实际操作中得以实现。不能设计过于烦琐难以操作的评价体系。

（四）权重分配的实施策略

学科知识作为基础能力，仍然占有较大的权重，但不再是唯一决定性的因素，应该根据学科的不同合理分配。创新能力、实践能力、团队协作精神等能力的发展对于个体成长至关重要，因此应给予适当的权重。

强调培养学生的社会责任感，反映社会对人才的期望，因此社会责任感在权重分配上应有一定比例。综合能力是新时代素质评价的目标之一，因此应该设立专门的综合能力评价体系，给予相应的权重。

（五）挑战与展望

随着科技的发展，新的评价工具和方法将不断涌现，需要不断更新和适应。如何在评价中考虑到个体的差异，实现个性化的发展目标，是新时代素质评价面临的挑战之一。可以通过引入个性化的评价指标和灵活的权重分配，充分发掘学生的优势，促使其在个性化的发展轨道上得到支持和引导。随着社会的不断变革，对人才的需求也在不断演变。素质评价需要及时调整指标和权重，以适应社会对人才的新需求。评价工具的创新将成为未来发展的方向之一。利用先进的技术手段，如人工智能、大数据分析等，设计更为精准、客观的评价工具，提高评价的科学性和准确性。

素质评价需要与教育体系的整体发展相协调。教育课程、教学方法、考试制度等方面需要与素质评价相衔接，形成教育体系，共同推动学生全面发展。新时代素质评价指标的理论依据主要体现在全面发展、创新创造、社会责任感等素质教育理念上。评价指标的选取需要综合考虑学科知识、能力发展、社会责任感等多个方面，以全面展现学生的发展状况。权重分配的原则应基于综合性、个性化、社会需求和可操作性，以确保评价体系的科学性和实用性。在未来的发展中，素质评价需要不断适应社会变革和教育发展的需要，通过创新评价工具、整合教育体系等手段，促使素质评价更好地为个体的全面发展服务。

二、不同领域辅导员评价指标的差异

辅导员在不同领域扮演着关键的角色，其工作内容和职责各有不同。因此，对辅导员的评价也应因领域而异。本书将探讨不同领域辅导员评价指标的差异，以期更科学、合理地评估和指导辅导员的工作。

（一）高校领域辅导员评价指标

高校辅导员需要具备一定的学科知识水平，以更好地理解学生的学术需求，提供专业的学科辅导。辅导员应具备帮助学生解决学业问题的能力，包括制订学习计划、提供学科知识指导、解答学术疑问等。

高校学生面临学业和生活的双重压力，辅导员需要具备心理辅导和情绪管理的能力，帮助学生保持心理健康。高校辅导员应促进学科交叉，培养学生的综合素质，使其具备跨学科的综合能力。辅导员需要协助学生进行职业规划，提供就业指导，使学生更好地迈入职场。

（二）中学领域辅导员评价指标

中学辅导员需要具备一定的学科知识，以便更好地进行学科导向的教学指导，协助学生提高学科水平。中学辅导员的工作还包括引导学生进行生涯规划，提供升学辅导，协助学生更好地选择未来的发展方向。中学辅导员应参与学科生态的建设，推动学科建设与教学改革，提升学科发展水平。

中学辅导员需要积极与学生家长沟通，进行家庭辅导，促进学生在学校和家庭两个环境中全面发展。中学辅导员还负责指导学生参与社团和文体活动，促进学生在课外活动中锻炼身心。

（三）企业领域辅导员评价指标

企业辅导员需要具备丰富的职业素养和专业知识，以更好地指导员工在职业生涯中的发展。企业辅导员要培养员工的团队协作精神，提升团队整体业绩，同时具备一定的领导力。辅导员需要协助员工进行职业发展规划，提供培训计划，使员工在职业发展中不断提升。

企业辅导员应关注员工的心理健康状况，帮助员工实现工作与生活的平衡。辅导员需要处理员工之间的关系问题，协助解决潜在的冲突，维护团队和谐。

（四）社区领域辅导员评价指标

社区辅导员需要善于整合社区资源，为居民提供相关服务，满足社区居民的多样化需求。辅导员需要参与社区发展规划，组织开展社区活动，促进社区居民的交流和互动。辅导员要促进社区居民之间的良好关系，解决邻里之间的问题，提升社区居民的生活质量。

社区辅导员需要关注社区的安全问题，具备危机干预的能力，确保社区居民的安全感。辅导员在社区中推动文化传承和教育工作，促进社区居民的文化素养提升。

（五）评价指标差异的原因

不同领域的辅导员工作职责有所不同，因此评价指标需根据具体工作内容进行调整。高校、中学、企业、社区的辅导员服务对象存在差异，其需求和期望也不同，导致评价指标的差异性[①]。

不同领域对辅导员的专业要求存在一定的差异。高校辅导员可能更注重学科知识，企业辅导员则更关注职业素养和领导力。不同领域的工作环境和特点也会影响辅导员的工作表现，因此评价指标需要根据工作环境的差异进行调整。随着社会的发展，对各个领域辅导员的需求也在不断变化。评价指标需要与社会需求相适应，以确保辅导员能够更好地满足社会期望。

（六）不同领域辅导员评价指标的整合与平衡

不同领域的辅导员评价中存在一些共通的指标，如沟通能力、领导力、团队协作等。可以将这些共通指标整合，形成全领域通用的评价体系。鉴于不同领域的辅导员需求各异，可以在评价指标中设立特定领域的专业指标，以更准确地反映辅导员在特定领域的职业素养和工作表现。在整合指标时，需要平衡各个指标的权重，确保既能全面评价辅导员的能力，又能根据领域特点突出相关重点。

随着社会变革和工作环境的改变，评价指标需要灵活调整。定期对评价指标进行审查和更新，以适应不同领域的变化和发展。针对不同领域辅导员的差异开展培训和发展计划，

---

① 郑利群．高校辅导员队伍素质能力提升策略研究［M］．秦皇岛：燕山大学出版社，2022：63．

帮助辅导员更好地适应和成长。

（七）挑战与展望

随着社会领域的日益融合，未来的辅导员可能需要具备更多跨领域的能力。评价指标的设计应考虑跨领域合作和交流的需求。利用先进技术手段和创新方法，可以更精准地评价不同领域辅导员的工作表现。例如，大数据分析、人工智能等技术可以为评价提供更全面的数据支持。

随着全球化的趋势，不同领域的辅导员可能需要更具全球化视野，评价指标应考虑其对国际事务的关注和理解。社会在不断变革，对各领域辅导员的要求也在不断演变。评价指标需要关注社会变革，及时调整以适应社会发展需求。

不同领域辅导员的评价指标存在差异，这是由于其工作职责、服务对象、专业要求、工作环境和社会需求等方面的差异。整合和平衡评价指标，设立特定领域的专业指标，灵活调整和定期更新评价体系，都是确保不同领域辅导员评价科学合理的关键。随着社会的发展，评价体系需要与时俱进，关注新的挑战和需求，以更好地指导和促进不同领域辅导员的发展。

第四节　评价方法与工具的创新

一、新技术在素质评价中的应用

随着科技的迅猛发展，新技术的应用已经深刻地改变了各个领域，包括教育领域。在素质评价中，新技术的引入为评价工作提供了更多的可能性和便利性。本书将探讨新技术在素质评价中的应用，以及其对评价体系的影响。

（一）虚拟现实（VR）与增强现实（AR）在素质评价中的应用

VR技术可以提供沉浸式的学习体验，使学生能够在虚拟环境中进行实际操作和应用，这对于评价学生的实际技能和应用能力具有重要意义。利用AR技术，可以在真实场景中叠加虚拟信息，为学生提供更为真实的学习体验。这有助于评价学生在实际场景中的表现和应对能力。

借助VR和AR技术，可以根据学生的个体差异和学科需求，定制个性化的学习路径，从而更精准地评价学生的发展和进步。在科学、工程等领域，VR技术可以建立虚拟实验室，学生可以在虚拟环境中进行实验，为评价其实验设计和操作能力提供更多可能性。

（二）人工智能（AI）在素质评价中的应用

AI 技术可以为教学提供智能辅助，根据学生的学科水平和个体差异，提供个性化的学习建议，为评价提供更为细致的数据支持。AI 技术可以通过自动化算法对学生的表现进行评价，包括文字作业的评分、语言表达能力的分析等，提高评价的效率和客观性。

AI 可以分析学生在学习过程中的行为数据，从而了解学生的学习模式、偏好和困难点，为更全面的素质评价提供依据。在远程考试中，AI 技术可以用于监管，检测学生在考试过程中的作弊行为，确保评价的公正性和可信度。

（三）大数据分析在素质评价中的应用

利用大数据分析，可以对每个学生的学业成绩、参与活动、社交互动等数据进行个体化分析，为个性化的素质评价提供数据支持。大数据分析可以对学生的学科发展趋势进行分析，提前发现学科领域的优势和劣势，为个体发展方向的评价提供科学依据。

大数据分析可以将不同学科领域的数据进行交叉分析，揭示学科之间的关联性，为综合素质的评价提供更为全面的信息。大数据分析可以为教育机构提供及时的反馈信息，帮助机构和教师更好地了解学生的发展状况，及时调整教学策略和评价体系。

（四）在线平台与移动应用在素质评价中的应用

利用在线学习管理平台，学生和教师可以方便地记录学习过程、上传作业、参与讨论等，为评价提供更为细致的学习轨迹。利用移动应用，学生可以随时随地参与实时评价，记录学习心得、表达观点，为教师提供更为即时的反馈。

在线平台和移动应用可以支持学生使用多媒体方式展示其学科成果和综合素质，为评价提供更为生动和直观的材料。在线平台可以支持学生和教师之间的协同评价，学生可以参与评价教师的教学方法，教师也可以参与评价学生的学科表现。

（五）区块链技术在素质评价中的应用

区块链技术可以确保评价数据的安全性和可信度，防止数据篡改和造假，提高评价的可靠性。区块链技术可以实现学生个人信息的安全存储和传输，保护学生隐私，确保评价过程的合法合规[①]。

利用区块链技术，学生的学历证书可以被安全地存储在区块链上，实现去中心化的认证系统，提高学历证书的透明度和可信度。区块链技术可以记录学生的学科成绩和综合素质评价，形成不可篡改的记录，为学生的学术和素质发展提供可追溯的证据。区块链技术

---

① 张兴雪，刘怀刚．"互联网+"时代高校辅导员队伍建设系统工程研究［M］．北京：九州出版社，2022：66.

可以使评价过程更加透明，学生、教师和家长可以实时查看评价的进展和结果，提高评价的公正性和公开性。

（六）挑战与展望

虽然新技术在素质评价中有着广泛的应用前景，但其普及和接受度仍然存在一定的挑战。一些教育机构和个体可能对新技术的使用存在一定的抵触心理，需要进行更多的推广和培训。随着大量学生和教育数据的生成和传输，数据隐私和安全成为一个重要的问题。必须采取有效的措施保障学生个人信息的安全，防止数据泄露和滥用。

在应用新技术进行素质评价时，需要建立科学合理的评价标准和模型。当前存在的评价标准可能无法充分适应新技术的特点，需要不断研究和改进。在一些地区和学校，数字设备和互联网资源的不平衡可能导致数字鸿沟，使得一部分学生无法充分享受新技术在素质评价中的优势。需要采取措施缩小数字鸿沟，确保所有学生都能够平等受益。

在新技术的应用中，综合素质评价可能更为复杂。需要找到科学合理的方式，将各个方面的评价整合起来，形成全面、客观的评价体系。新技术在素质评价中的应用为教育领域带来了前所未有的机遇。虚拟现实、人工智能、大数据分析、在线平台、移动应用和区块链技术等新技术的引入，丰富了评价手段，提高了评价效率和准确性。然而，新技术的应用也面临一系列的挑战，需要不断地进行研究和改进。未来，随着科技的不断发展，新技术在素质评价中的应用将更加深入，为培养更具综合素质的学生提供更为科学和有效的手段。

二、学生反馈与满意度调查的实施

学生反馈与满意度调查是教育机构和教育者获取学生意见和评价的重要手段，有助于了解教育服务的质量，发现问题并进行改进。本书将探讨学生反馈与满意度调查的实施过程、方法、意义以及如何更有效地利用反馈信息进行改进。

（一）学生反馈与满意度调查的概念

学生反馈是指学生通过各种方式向教育机构和教育者提供的关于学校、教学、服务等方面的信息。这种反馈可以包括口头反馈、书面意见、建议等形式。

满意度调查是通过系统的问卷调查或其他方式，对学生对于教育服务的满意度进行定量或定性的测量。满意度调查通常包括多个方面，如教学质量、学校管理、教育资源等。

（二）学生反馈与满意度调查的实施过程

在进行学生反馈与满意度调查之前,需要明确调查的目的,是了解教学质量、学生生活、教育资源分配等方面的情况。设计合适的调查问卷是保证调查有效性的关键。问卷设计需要考虑到全面反映学生关切的方面，同时问题的提问方式要清晰明了，避免引导性问题。

调查方式可以选择在线调查、纸质问卷、面对面访谈等不同方式。根据学生群体的特点和数量选择合适的调查方式。为了鼓励学生表达真实意见，调查应保障学生的匿名性，确保学生不因表达意见而受到不必要的压力或处罚。

在进行调查前，需要广泛宣传调查的目的和重要性，鼓励学生积极参与，确保调查结果的代表性。学生反馈与满意度调查应定期进行，调查内容也应根据学校和学生的实际情况进行更新，以确保反馈的及时性和有效性。

（三）学生反馈与满意度调查的实施方法

是最常用的学生反馈与满意度调查方法之一。通过设计一份综合的问卷，覆盖学生关心的方方面面，从而全面了解他们对教育服务的评价和建议。通过与学生进行面对面的访谈，可以深入了解他们的真实感受和看法。这种方法能够收集到更为详细的信息，但成本较高，适用于小规模的调查。

选取代表性的学生，组成焦点小组进行深入的讨论。通过小组互动，可以获取到学生之间的共识和不同意见，为学校改进提供多角度的建议。利用现代科技手段，建立在线反馈平台，方便学生随时随地进行反馈。这种方式具有高效、便捷的特点，适用于大规模的学生群体。利用学生常用的社交媒体平台，开展调查活动。通过社交媒体的传播，可以更广泛地获取学生的反馈意见。

（四）学生反馈与满意度调查的意义

通过学生反馈与满意度调查，学校可以了解学生对教学质量的评价，及时发现问题并采取措施进行改进，提高教学水平。学生的反馈意见涉及学校管理、服务设施等多个方面，有助于学校发现管理不善的地方，优化管理体系。

通过调查，学校与学生之间建立起更加紧密的联系，增进沟通，使学生感受到学校的关心和尊重。满足学生的需求和期望，提高学生满意度，有助于留住学生，增加学校的声誉和吸引力。学生反馈与满意度调查是一个循环的过程，通过反馈不断优化，形成良性的改进循环，提高教育服务的质量[①]。

（五）如何更有效地利用反馈信息进行改进

学校在收到学生反馈后，应及时回应，向学生传达出学校对于他们反馈的重视程度。这可以通过邮件、通知、校园广播等方式进行。根据学生反馈的具体问题，学校应制订明

---

① 毛建平．"互联网+"时代高校辅导员队伍建设研究［M］．天津：天津科学技术出版社，2017:140.

确的改进计划，包括采取何种措施、在何时完成等。这有助于落实改进措施。

学校可以定期向学生汇报改进的进展情况，让学生了解学校对于问题的解决程度。这可以通过校园公告、学校网站等方式进行。学生反馈与满意度调查不仅仅是一次性的活动，学校应建立长期的反馈机制，形成闭环，持续改进教育服务。

学校可以鼓励学生提出积极的建议和反馈，奖励那些提供有益建议的学生，激发更多积极参与的动力。可以建立由学生、教师和管理人员组成的反馈委员会，定期讨论和分析学生反馈信息，提出改进意见。定期进行跟踪调查，了解改进措施的效果，并及时调整和完善，确保改进工作能够持续有效。

（六）面临的挑战与应对策略

学生反馈的信息可能存在主观性和个体差异，需要通过多渠道、多方法的验证，确保信息的真实性。长期进行学生反馈与满意度调查可能导致学生疲劳，降低参与积极性。应合理控制调查频次，使学生感到调查的重要性和意义。

学生的意见可能存在分歧，有些问题可能无法做到百分之百满足所有学生。学校需要在处理分歧时进行公正、公平的权衡，采取有利于整体发展的方案。为保障学生的匿名性，但有时学生可能滥用匿名性提出不负责任的言论。应建立监督机制，对滥用情况进行处理。

学校制订的改进计划可能由于各种原因难以有效执行。学校应建立监督机制，确保改进计划的执行力度。学生反馈与满意度调查是提高教育服务质量、促进学校发展的重要工具。通过科学、规范、及时地实施学生反馈与满意度调查，学校可以更好地了解学生需求、发现问题、改进服务，为学生提供更好的教育体验。在调查的同时，学校应注重反馈信息的有效利用，制订切实可行的改进计划，并形成长期的反馈机制，以持续推动学校的发展和进步。

第五节　个体与团队绩效在新时代的评价

一、辅导员个体绩效评估的标准与方法

（一）绩效评估的目的和重要性

绩效评估是为了评价辅导员在工作中的表现，从而提高教育质量和学生发展。其目的包括激励辅导员提高工作效率、提供改进建议、支持个人发展和确保机构目标的实现。强调绩效评估的重要性，使辅导员能够更好地适应变化、提高专业水平。

（二）绩效评估的标准

评估辅导员是否具备扎实的专业知识和技能，包括但不限于学科知识、教育理论和方法论等方面。标准可以包括教学成果、学科竞赛成绩以及是否参与专业培训等。考察辅导员的教学质量，包括教学设计、教学方法、学生参与度等。学生评价、教学反馈和教学成果可以作为评估的依据[①]。

评估辅导员与学生的关系以及对学生的支持程度。包括学生满意度、学生指导情况、对学生发展的促进等。考察辅导员在学术研究领域的表现，包括发表论文、参与科研项目、指导学生科研等。创新能力也应该被纳入评估标准中。评估辅导员在学校服务和社会参与方面的表现，包括是否参与学校组织的活动、是否担任社会职务等。

考察辅导员是否持续进行专业发展，包括参与培训、学术交流、继续教育等。专业发展的能力也是绩效评估的重要标准之一。

（三）绩效评估的方法

通过学生对辅导员的评价来获取对教学质量、学生关系和支持等方面的反馈。可以采用定期问卷调查或面谈方式进行。由同事对辅导员的工作进行评价，以获取更为客观的观点。同事评价可以包括对教学、学术研究、团队协作等方面的评估。

对辅导员的教学过程进行观察，评估其教学设计、教学方法和学生互动等情况。这可以通过课堂观察或录像等方式实施。通过评估辅导员的学术产出，包括发表的论文、参与的科研项目等，来考察其在学术研究领域的表现。

辅导员可以提交个人陈述，详细说明自己在评估周期内的工作情况和目标达成情况。这有助于评估人员更全面地了解辅导员的工作状态。进行定期的绩效面谈，由评估人员与辅导员进行沟通，讨论工作表现、职业发展计划等问题。这有助于建立双向沟通机制，解决问题并提供支持。

（四）绩效评估的周期与频率

绩效评估的周期应该合理安排，通常为一年一次。定期的评估有助于及时发现问题、调整工作方向，并为辅导员提供稳定的职业发展支持[②]。

绩效评估是辅导员职业发展的重要环节，其标准与方法的建立需要考虑到教育机构的特点和辅导员的职责。全面、客观、公正的绩效评估有助于激发辅导员的工作热情，提高整体教育水平。同时，建立有效的反馈机制和支持体系，帮助辅导员在工作中不断进步，

[①] 贝静红. 高校辅导员队伍专业化发展研究 [M]. 武汉：武汉大学出版社，2016:123.
[②] 丰硕. 高校辅导员队伍建设与工作制度发展研究 [M]. 长春：吉林出版集团股份有限公司，2022:112.

更好地为学生和学校做出贡献。

二、团队协作与整体绩效评估体系

团队协作与整体绩效评估体系在组织管理中扮演着重要的角色，它有助于衡量团队的合作效能、工作成果和整体绩效水平。本书将探讨团队协作与整体绩效的评估体系，包括评估体系的构建、标准与方法、周期与频率等方面，旨在为组织提供有效的评估工具，促进团队的健康发展与高效运作。

（一）团队协作与整体绩效评估体系的意义

团队协作是现代组织中至关重要的因素之一，通过评估团队协作，可以发现团队成员之间的合作状况，及时解决协作中可能出现的问题，提高团队的协同效能。整体绩效评估体系可以全面考察团队的工作成果，包括项目完成情况、任务执行效果等，有助于发现工作中的亮点和不足，为未来工作提供指导。

通过对整体绩效的评估，可以识别出表现优秀的团队成员，为其提供激励与晋升机会，从而增强团队的凝聚力和士气。绩效评估体系应该具备持续改进的机制，通过总结经验教训，促使团队在工作中不断学习和进步，适应环境变化。

（二）团队协作与整体绩效评估体系的构建

明确评估的目标，包括提高团队协作效能、实现工作目标、激励团队成员等。制定具体、可量化的评估指标，以确保评估的客观性。明确团队协作的标准，包括沟通效果、信息分享、问题解决等方面的要求。这有助于评估团队成员在协作中的表现。

建立整体绩效评估的指标体系，包括项目完成度、工作效率、客户满意度等，以全面考察团队的表现。选择合适的评估方法，可以采用定量和定性相结合的方式。定量数据如项目完成率、工作效率指标，而定性数据如同事评价、客户反馈等。

（三）团队协作与整体绩效评估的标准与方法

1. 团队协作评估标准

评估团队成员之间的沟通效果，包括信息传递的清晰度、协作过程中的顺畅度等。考察团队成员在解决问题时的能力，包括发现问题、提出解决方案和执行的效果。评估团队成员之间的凝聚力，包括是否共享共同的目标、是否相互支持等。

2. 整体绩效评估标准

考察团队在项目中的完成度，包括任务完成的质量和进度。评估团队的工作效率，包括资源利用情况、时间管理等。通过客户反馈，了解团队交付的产品或服务是否符合客户期望，以及客户对团队的整体评价。

3.综合评估方法

组织定期的评估会议，由团队成员共同参与，对团队协作和整体绩效进行评估，并提出改进建议。采用360度反馈，包括同事、上级、下属以及客户的意见，综合考察团队成员在协作和绩效方面的表现。团队成员进行自我评估，同时设定个人和团队的发展目标，作为评估的参考依据。

（四）团队协作与整体绩效评估的周期与频率

评估周期应根据团队的特点和工作性质进行合理的安排，通常为半年或一年一次。在评估周期内，可以设定中期评估和终期评估，以及在重要项目结束后进行项目绩效评估，确保及时发现团队的问题和调整方案。建立持续改进机制，及时总结评估结果，发现问题并提出改进建议。通过反馈和学习，不断调整团队协作与整体绩效评估体系，以适应不断变化的工作环境和组织需求。

（五）团队协作与整体绩效评估的挑战与应对策略

评估过程中可能受到主观因素的影响，导致评价不公正。采用多维度的评估方法，结合定量数据和定性反馈，减少主观性的干扰。此外，引入独立的评估者或第三方机构，提高评估的客观性。获取准确的数据可能面临困难，尤其是在涉及客户满意度等主观因素的评估中。采用多种数据收集方式，包括问卷调查、面谈、项目报告等，综合考虑各方面的信息。同时，建立有效的反馈机制，鼓励团队成员提供真实而有建设性的反馈。

团队成员可能对评估产生抵触情绪，影响评估的真实性。建立公平公正的评估机制，明确评估的目的和意义，强调评估是为了团队的持续发展和个人职业成长。在评估结果中突出正面成绩，同时提供改进建议，帮助团队成员在不足之处有所提升。

绩效评估和激励机制之间的衔接可能存在问题，导致激励不够契合评估结果。确保绩效评估体系与激励机制相互匹配，将评估结果与奖惩制度、晋升机制等有机结合，激发团队成员的积极性。团队协作与整体绩效评估体系的建立是组织管理的关键环节，它有助于提高团队的协作效能、推动工作成果的实现，同时为团队成员提供激励和发展机会。在构建评估体系时，明确评估目标、制定标准与方法、定期评估周期和频率，以及应对挑战的策略都是至关重要的。通过科学而全面的评估，组织可以更好地了解团队的表现，为团队的发展提供有力支持。不仅如此，评估的过程本身也是一个学习和进步的过程，通过反思和改进，推动团队不断提升，适应变化的环境，取得更加卓越的业绩。

三、绩效评价在新时代队伍发展中的作用

绩效评价在新时代队伍发展中扮演着至关重要的角色，它是一种有效的管理工具，有助于衡量和提升团队成员的工作绩效、促进团队整体发展。本书将探讨绩效评价在新时代队伍发展中的作用，包括作用机制、关键要素、实施策略等方面，以期为组织和团队提供有效的管理参考。

（一）绩效评价的概念与意义

1.绩效评价的定义

绩效评价是通过对个体或组织在工作中所取得成绩的定期、有目的、有计划地进行分析、评估和反馈的一种管理手段。它旨在通过明确工作目标、评估工作过程和结果，为个体和组织的发展提供指导和激励。

2.绩效评价的意义

在新时代，绩效评价具有更为深远的意义：新时代面临着复杂多变的环境，绩效评价有助于组织和团队及时调整工作方向、适应外部环境的变化，保持竞争力。通过对个体的工作绩效进行评价，可以明确个体的优势和不足，为其提供有针对性的培训和发展机会，促进个体职业成长。绩效评价与激励机制相结合，可以激发团队成员的工作积极性和创造性，使其更加专注于目标的实现。通过绩效评价，可以建立公平公正的管理机制，避免主观因素的干扰，使评价更为客观和科学。

（二）新时代团队的特点

新时代团队呈现出多元化和跨文化的特点，成员之间可能具有不同的文化背景、工作风格和价值观。随着科技的发展，新时代团队更加依赖数字化工具进行工作协同和信息传递，工作过程更加便捷高效。

新时代团队更加倾向于弹性工作制度，包括远程办公、灵活工作时间等，提供更多选择和自主权。团队协作在新时代被强调，团队成员之间需要更好地协同合作，实现共同的目标。

（三）绩效评价在新时代队伍发展中的作用

1.促进团队成员个体发展

绩效评价通过设定明确的个体目标，帮助团队成员了解自己在团队中的责任和期望，激发其个体工作动力。通过评价结果，识别出个体的职业优势和不足，为其提供有针对性的培训和发展机会，推动个体职业发展。绩效评价可以与个体的职业规划结合，帮助团

成员明确自己的职业目标，制订实现这些目标的计划。

2. 优化团队协作效能

通过绩效评价，团队成员对团队的整体目标有更清晰的认识，有助于实现个体目标与团队目标的对齐。通过团队协作的绩效评价，可以发现团队协作中可能存在的问题，及时调整工作流程和沟通机制，提高团队协作效能。绩效评价通过对团队成员的工作成果进行评价，鼓励知识共享和团队学习，推动整体团队水平的提升。

3. 提高整体绩效水平

通过与激励机制相结合，绩效评价可以激发团队成员的工作动力，提高整体绩效水平。通过对团队成员的工作表现进行全面评价，可以发现团队的潜力和优势，为团队未来的发展提供指导。绩效评价强调持续改进，通过不断总结经验教训，推动团队在工作中的不断提高。这有助于团队在面对新时代的挑战时能够快速调整、灵活应对，保持持续创新和进步。

4. 建立公平公正的管理机制

绩效评价通过建立客观的评价标准和方法，避免主观因素对评价结果的影响，从而建立公平公正的管理机制。透明度是建立公平公正的管理机制的重要因素。通过公开绩效评价标准和流程，团队成员更容易理解评价的依据，减少不公平感。及时的绩效反馈可以让团队成员更清楚自己的表现，并在需要改进的地方进行调整。这有助于建立起一种公平而有利于个体成长的工作氛围[1]。

（四）实施绩效评价的关键要素

明确的评价标准是绩效评价的基础，需要根据团队的特点和工作需求制定出具体、可量化的标准，以确保评价的客观性和科学性。有效的绩效评价需要充分的数据支持，包括定量数据和定性数据。通过有效的数据收集和分析，可以更全面地了解团队成员的表现。

绩效评价不仅仅是一次性的过程，更是一个持续的循环。定期的沟通和反馈有助于及时解决问题、调整工作方向，并保持团队的高效运作。激励机制与绩效评价相辅相成。通过建立科学的激励机制，可以将绩效评价的结果与奖惩制度、晋升机制等相结合，激发团队成员的积极性。管理者在绩效评价中扮演着关键的角色，如导师、指导者和激励者的角色。他们应该具备有效的沟通能力、领导力和团队管理技能，以推动绩效评价的有效实施。

（五）实施策略与注意事项

在新时代，由于团队的多元化和数字化，制订绩效评价计划变得尤为重要。计划应包括明确的时间表、评价标准和参与人员。新时代强调团队协作与创新，绩效评价要能够充

---

① 罗华丽．高校思想政治理论课教师与辅导员队伍协同育人优化研究［M］．天津：天津人民出版社，2023:153.

分反映团队协作的贡献和创新成果。评价标准中应包括团队协作能力和创新意识等要素。利用数字化工具，建立起高效的绩效评价系统。这包括绩效管理软件、在线反馈工具等，以提高评价的效率和准确性。

员工参与是绩效评价成功实施的关键。鼓励员工参与个体目标的设定、评价标准的制定，同时提供员工对评价结果的反馈机制。绩效评价不仅仅是为了检验员工的工作表现，更是为了促进员工的职业发展。在评价过程中，要关注员工的个体发展需求，提供相关的培训和支持。

在多元化团队中，要考虑到不同文化和背景对绩效评价的影响。评价标准和方法要尽量公平合理，避免对不同文化成员的不公正对待。

在新时代，团队发展面临着更多的挑战和机遇，绩效评价作为管理的重要手段，对于促进团队成员的个体发展、提升团队协作效能和推动整体绩效水平的提升具有重要作用。通过明确的评价标准、有效的数据支持、定期的沟通与反馈、科学的激励机制以及管理者的积极参与，可以实现绩效评价的有效实施。同时，在新时代特有的背景下，团队和组织需要灵活应对，结合数字化工具，注重员工参与和反馈，处理多元化团队的文化差异，以确保绩效评价的科学性、公正性和适应性。通过绩效评价的持续推进，团队将更好地适应时代变革，迎接更大的挑战，取得更为卓越的业绩。

第五章　新时代高校辅导员队伍的职业发展路径

第一节　新时代职业发展路径的设计与规划

一、职业发展规划的基本原则

职业发展规划是个体在职业生涯中制定的一系列目标、策略和行动计划，旨在实现职业生涯的长期成功和满足感。在制定职业发展规划时，遵循一些基本原则可以更好地引导个体实现职业目标、提高职业素质和获得职业满足感。本书将探讨职业发展规划的基本原则，包括自我认知、目标明确、学习与发展、灵活性与适应性、平衡与综合性等方面，以为个体制定科学合理的职业发展规划提供指导。

（一）自我认知与职业发展规划

职业发展规划的首要原则是个体要对自己的价值观、技能、兴趣和优势有清晰的认知。了解自身的优势和劣势，明白个体在职业领域中所能够贡献的价值，有助于确定适合自己的职业方向。在自我认知的基础上，制定明确的职业目标是职业发展规划的核心。个体需要思考短期和长期的职业目标，并设定可量化、可达成的阶段性目标，为未来的职业生涯做出详细规划。

自我认知还包括对职业市场和行业趋势的了解。随着社会的发展，行业不断演变，了解当前和未来的职业市场需求和趋势，有助于个体更好地调整自己的职业发展方向。

（二）目标明确与职业发展规划

目标明确是职业发展规划的基础。制定职业短期和长期目标，有助于个体在职业生涯中有计划地取得进步，同时保持对未来的明确追求。个体的职业发展目标应该与其个人价值观相契合。目标的设定需要考虑到个体对于事业、家庭、社会等方面的价值取向，以确保职业发展与个体的核心价值一致。

职业发展规划需要具备灵活性，因为职业生涯中可能会遇到各种变化和挑战。个体在设定目标时，应该考虑到未来的不确定性，制定灵活可调整的目标，以适应变化的环境。

（三）学习与发展与职业发展规划

学习与发展是职业发展规划的重要组成部分。个体需要认识到持续学习的重要性，不断提升自己的知识、技能和经验，以适应职业市场的需求。在职业发展规划中，个体应该制订详细的学习计划，包括参加培训、课程学习、获得证书等。学习计划需要与职业目标相结合，以确保学习的方向和内容与个体的发展需要一致。

除了专业领域的知识外，个体还应该发展多元技能。具备多种技能可以提高个体的竞争力，使其更具灵活性和适应性，更好地应对职业挑战。

（四）灵活性与适应性与职业发展规划

在职业发展规划中，个体需要拥有积极的心态，接受职业生涯中可能出现的变革。灵活性和适应性是面对变革时的重要品质。个体在制定职业发展规划时，要有主动迎接挑战的勇气。挑战可以带来成长和机遇，个体应该敢于尝试新的领域和职责，以丰富自己的经验。

灵活性和适应性需要通过持续的自我评估和规划调整来实现。个体在职业发展过程中要不断反思，根据实际情况调整职业目标和发展计划。

（五）平衡与综合性与职业发展规划

职业发展规划需要考虑到工作与生活的平衡。个体在追求职业成功的同时，也应该重视家庭、健康、个人兴趣等方面的需求，保持身心健康和生活的全面发展。职业发展规划应该是综合性的，考虑个体在职业生涯中的各个方面的需求。这包括经济需求、家庭需求、社交需求、个人成长等，确保规划的全面性和可持续性[1]。

个体在职业发展规划中应该注重职业与人生的长远规划。职业发展不仅仅是眼前的目标，更是为了实现个体在整个人生中的价值和意义。因此，规划要具备长远性，考虑到个体在不同阶段的发展和需求。

（六）实施策略与注意事项

实施职业发展规划需要制定明确的计划。个体应该将规划分解成具体的步骤和时间表，确保每个目标都有清晰的实施路径。个体在职业生涯中需要持续进行自我评估。定期反思自己的目标是否仍然符合个人的价值观和职业市场的需求，及时调整规划。

寻求导师和反馈是实施职业发展规划的有效途径。导师可以提供指导和建议，而反馈可以帮助个体更清晰地了解自己的优势和不足，从而调整规划。职业生涯中可能会面临各种变化，包括行业变革、组织调整等。个体需要具备灵活性，能够及时调整规划，适应变

---

① 白金刚. 新时代高校辅导员队伍专业化建设研究 [M]. 沈阳：辽宁大学出版社，2022:109.

化的环境。

建立职业网络有助于个体获取更多的信息、资源和机会。通过参与行业活动、社交平台等，个体可以扩大人脉，获取职业发展的支持和帮助。职业市场不断发生变化，关注市场趋势有助于个体更好地制定职业发展规划。了解市场对某些技能和岗位的需求，有助于个体在规划中做出明智的选择。

职业发展规划是个体在职业生涯中取得成功的关键步骤，它需要个体在自我认知、目标明确、学习与发展、灵活性与适应性、平衡与综合性等方面遵循基本原则。通过制定明确的职业目标、灵活的学习计划、持续的自我评估和调整，个体可以更好地应对职业生涯中的挑战，实现职业和个人的双重成功。在规划中，个体还需要注重平衡工作与生活，关注个人全面发展的需求，并建立职业网络，获取更多的支持和机会。总的来说，科学合理的职业发展规划有助于个体在职业生涯中保持动力、实现目标，迎接未来的挑战。

二、新时代辅导员的职业生涯设计

新时代辅导员在职业生涯设计中需要考虑多个方面，包括自我认知、专业发展、团队协作、学科知识、人际沟通等。辅导员的工作不仅仅是为学生提供心理辅导，还需要关注学生全面成长，参与学校管理和教育改革。本书将探讨新时代辅导员的职业生涯设计，包括自我认知、专业发展、团队协作、学科知识、人际沟通等方面，以为辅导员的职业生涯规划提供指导。

（一）自我认知与辅导员职业生涯设计

辅导员需要清晰地认知自己的角色和使命。明确自己是学校中对学生成长起关键作用的专业人士，使命是促进学生的全面发展，关心学生的心理健康和学业进步。在新时代，学生的个体差异越来越明显，辅导员需要深入了解学生的差异性与需求。通过自我认知，辅导员能更好地适应不同学生的心理特点，为他们提供更加个性化的辅导服务。

辅导员需要建立强烈的职业认同感，认识到自己所从事的工作对学生和学校的重要性。职业认同感可以帮助辅导员保持工作的激情和责任心。

（二）专业发展与辅导员职业生涯设计

新时代辅导员需要持续学习，不断提升自己的专业素养。包括参加心理学、教育学等相关领域的培训、研讨会，获取新知识，应对学生面临的新问题。辅导员在职业生涯设计中应该制定明确的职业规划，包括晋升方向和发展目标。同时，要了解学校的晋升机制，为自己的职业发展制订科学合理的计划。

通过获取相关专业证书和资质认证，辅导员可以提升自己的专业水平，增加职业竞争力。这可以包括心理咨询师资格证书、学科知识的相关证书等。

（三）团队协作与辅导员职业生涯设计

辅导员在职业生涯设计中需要积极参与学校团队协作。与其他老师、辅导员、管理人员形成紧密的协作关系，共同为学生提供更全面的支持。在团队协作中，辅导员需要发挥个人的专业优势，为团队提供心理健康方面的专业支持。通过与其他团队成员的合作，共同推动学校心理健康工作的发展。在团队协作中，辅导员应该保持学习的心态，不断积累经验，同时愿意分享自己的心得和经验。这有助于团队形成良好的学习氛围，共同提升团队整体水平。

（四）学科知识与辅导员职业生涯设计

辅导员在职业生涯设计中需要不断更新学科知识。心理学、教育学等相关领域的知识是辅导员工作的基础，需要时刻关注学科发展的新理论和新方法。辅导员应该进行跨学科学习，将不同领域的知识融入自己的工作中。这可以包括了解教育技术、社会工作等多个领域，以更全面地理解和服务学生的需求。在学科知识方面，辅导员可以通过积极参与教育实践和案例研究来提高自己的实际操作能力。通过实际工作中的反思和总结，更好地将学科知识应用于实际辅导工作中。

（五）人际沟通与辅导员职业生涯设计

在新时代，辅导员需要具备良好的人际沟通技能。这包括倾听、表达、引导性沟通等方面的能力，以更好地与学生、家长、教师等各方建立有效的沟通渠道。考虑到学生群体的多元化，辅导员需要具备跨文化沟通的能力。理解不同文化背景下学生的心理特点，以更好地为他们提供个性化的辅导服务。

建立与学生之间的信任关系是辅导员工作的核心。通过真诚、关心和专业的态度，辅导员能够赢得学生的信任，从而更好地开展心理辅导工作。

（六）职业发展与社会责任

辅导员在职业生涯设计中应积极参与社会服务与公益活动。通过参与志愿者工作、社区服务等，将自己的专业知识和技能回馈社会，体现社会责任感。作为学校心理健康工作的核心力量，辅导员应该积极推动学校心理健康工作的发展。与学校管理层合作，提出改进建议，促进学校心理健康体系的健全。

辅导员还可以参与教育改革，关注学校教育体制的变革和发展。通过参与项目、提出建议，为学生的全面素质发展和教育体系的不断完善做出贡献。

（七）实施策略与注意事项

辅导员在职业生涯设计中应该制订个人发展计划。计划中包括明确的职业目标、专业提升计划、团队协作计划等，以指导个人的职业发展。在职业生涯设计中，辅导员可以寻找导师，通过与导师建立关系获取指导和支持。导师的经验和建议对于辅导员的职业发展非常有帮助。

辅导员应积极参与相关专业组织和研讨会。通过参与行业活动，了解最新的研究成果和发展趋势，与同行交流经验，促进个人的专业发展。人际关系对于辅导员的工作至关重要。建立良好的人际关系有助于提高工作效率，更好地与学生、家长、同事等保持良好的合作关系。

作为辅导员，要时刻关注学生的心理健康问题。保持对学生需求的敏感性，及时介入、支持学生，确保学校心理健康工作的有效推进。

新时代辅导员的职业生涯设计需要在自我认知、专业发展、团队协作、学科知识、人际沟通等方面做出科学规划。通过不断学习、提升专业素养，积极参与团队协作，关注学科知识的更新，发展良好的人际关系，辅导员可以更好地适应学生的多元化需求，为学校心理健康工作的推进作出积极贡献。在职业生涯设计中，辅导员还应关注社会责任，参与社会服务、公益活动，推动学校心理健康工作的深入发展，为学生的全面成长和学校的教育事业做出更大的贡献。

三、职业发展路径与队伍培养的衔接

职业发展路径与队伍培养的衔接是组织管理中一个重要的议题。组织需要为员工提供明确的职业发展路径，同时确保与队伍培养计划相互衔接，促进员工的全面发展和组织的长期成功。本书将探讨职业发展路径与队伍培养的衔接，包括定义职业发展路径、构建有效培养计划、关注员工发展需求、提升领导力和管理技能等方面，以为组织提供指导，促进员工与组织共同成长。

（一）职业发展路径的定义

职业发展路径是指员工在组织中从入职到升迁的整个职业生涯过程。它不仅涉及员工在特定职务上的晋升，还包括员工在不同阶段所需的培训、技能提升和职业方向的明确规划。提供清晰的职业发展路径可以激励员工为组织的目标做出更大努力，并增强员工的满足感和归属感。

有序的职业发展路径可以促使员工更好地发挥潜力，提升绩效，同时有利于组织内部的人才流动和稳定性。通过明确的职业发展路径，组织可以有针对性地培养和储备具有潜力的员工，为未来的领导力岗位提供合适的人选。

（二）构建有效的职业发展路径

1.职业发展规划

鼓励员工制定个体职业发展规划，明确短期和长期目标，并与组织整体发展目标相匹配。提供培训、资源和支持，帮助员工实现其职业发展规划，确保个体与组织的共赢。

2.职业发展阶段

员工融入组织，熟悉工作内容和企业文化，明确基本职责。在基本职责的基础上，开始涉足更广泛的领域，逐渐形成自己的专业方向。可能涉及管理职责，负责项目或团队，具备更高层次的专业和管理技能。

3.职业发展评估

将职业发展与绩效挂钩，通过绩效评估来识别潜在的高绩效员工，为其提供更多的发展机会。通过多方位评估，包括同事、下属、上级等，全面了解员工在不同层面的表现，为职业发展提供更全面的参考。

（三）队伍培养计划的制订

为新员工提供全面的入职培训，使其快速适应组织文化和工作环境。针对不同层级和职能的员工，提供专业技能方面的培训，以满足职业发展的需要。为新员工指派导师，提供职业指导和技能培训，帮助他们更好地适应组织。导师通过培养优秀的后辈，也能得到激励和成就感。定期进行轮岗，让员工在不同部门和岗位中获得丰富经验，提升综合素养。通过轮岗计划，发现并培养具有多领域经验的人才，为组织的高层领导岗位提供备选人选。

（四）关注员工发展需求

了解员工的职业兴趣，为其提供更符合个性化需求的发展计划。针对员工的弱点提供培训和辅导，帮助其改进和提升能力。提供专业的职业规划咨询服务，帮助员工更清晰地了解自己的职业发展方向，提供个性化的建议和指导。定期与员工进行职业发展谈话，了解他们的职业目标、困惑和需求，共同制订发展计划。给予员工参与挑战性项目的机会，促使其在实践中不断学习和成长。根据员工的表现和潜力，提供晋升的机会，激发其积极性和进取心。

（五）提升领导力和管理技能

为具备潜力的员工提供领导力培训，强化他们的领导能力，为未来的管理岗位做好准备。通过导师制度，有经验的领导向新晋领导传授经验和管理技能，促进管理人才的培养。

安排员工参与团队项目，培养其团队协作和沟通能力，提高团队整体绩效。清晰定义不同管理层级的职责和期望，帮助员工理解晋升到管理岗位所需的能力和素质。与员工一同制订个人的管理发展计划，包括提升管理技能、培养领导力等方面的目标。

（六）实施策略与注意事项

建立完善的绩效评估体系，与职业发展路径和培养计划相结合，为员工提供明确的晋升标准和发展方向。定期进行员工反馈，了解他们对于培养计划和职业发展路径的感受，根据反馈及时调整和优化计划。

组织要倡导学习型组织的理念，鼓励员工不断学习、尝试新事物，为其提供学习的机会和平台。随着组织和市场的变化，需要灵活调整职业发展路径和培养计划，确保其与外部环境保持一致。

在培养计划和职业发展中，要考虑员工的工作生活平衡，避免过度压力和疲劳对发展造成负面影响。职业发展路径与队伍培养的衔接是组织管理中的重要环节，涉及员工的职业成长和组织的长远发展。通过构建明确的职业发展路径、制订有效的培养计划、关注员工发展需求、提升领导力和管理技能等方面的策略，组织可以更好地培养和激发员工潜力，为其提供发展的舞台，同时也为组织的战略目标提供有力的支持。在实施过程中，灵活性、关注员工反馈、创造学习型组织氛围等都是关键因素，组织应持续关注市场变化和员工需求，不断优化和调整培养计划，确保其与组织的战略方向相一致，共同实现员工和组织的共同成长。

第二节　新时代高校辅导员的晋升与职业智能发展

一、晋升机制的设计与运行

晋升机制是组织内部管理的一个重要组成部分，直接关系到员工的职业发展和组织的人才流动。本书将探讨晋升机制的设计与运行，包括定义晋升机制、设计要素、运作流程、晋升标准、员工培养和反馈机制等方面，以为组织提供指导，促进员工的积极表现和组织的长期成功 [①]。

（一）晋升机制的定义

晋升机制是指在组织内部，通过一系列的规定和程序，对员工进行职务的提升，使其在组织中承担更高级别的职责和责任，实现职业生涯的发展。有明确的晋升机制可以激励

---

① 陈蕾，时学梅，买买提江·依明．高校辅导员队伍建设与职业化发展 [M]．延吉：延边大学出版社，2021：161．

员工更加努力地工作，追求更高层次的职业目标。通过晋升机制，组织可以实现内部人才流动，有效地培养和利用组织内部的潜力。设计科学的晋升机制有助于建立公平、公正的组织文化，增强员工对组织的信任感。

（二）晋升机制的设计要素

定义从初始职务到高级职务的发展路径，为员工提供明确的职业方向。对于每个层级明确相关的职责和能力要求，使员工清楚晋升的条件和期望。定义每个职务的晋升标准，包括绩效、能力、业绩等方面的要求。采用 360 度评估、绩效考核等多方位手段，全面了解员工在不同方面的表现。

为员工提供与晋升相关的培训，提升其在新职务中所需的技能和知识。根据员工的发展需求，制定个性化的发展计划，帮助其更好地适应新的职责。使晋升机制的信息对员工透明可见，让他们清楚晋升的机会和要求。确保晋升决策的公正性，避免主观偏见，采用客观的标准进行评估。

（三）晋升机制的运作流程

员工可以根据晋升机制的规定主动提出申请，表达晋升意愿。上级领导或相关部门可以根据员工的表现提名其晋升，充分发挥领导层的观察和评价作用。

综合考察员工在绩效、能力、领导力等方面的表现，进行全面评估。针对晋升岗位的要求，进行面试和相关测试，了解员工在新岗位上的适应能力。经过评估和筛选后，由相关决策层进行最终的晋升决策。对于被晋升的员工，要进行公示并及时通知，提高透明度和员工的参与感。

（四）晋升标准的制定

考察员工在相关领域的专业技能，是否达到晋升职务所需水平。评估员工的领导力素质，包括团队管理、决策能力等方面的表现。考察员工在过去一段时间内的工作绩效，包括工作成果、任务完成情况等。对于具有业务指导性的岗位，要评估员工在业务方面的表现和成就。

评估员工的学习能力和持续发展意愿，看是否具备适应新岗位的学习能力。考察员工是否积极主动地参与培训、学习和自我提升。对于需要协同工作的岗位，评估员工的团队协作能力和与他人合作的经验。考察员工的沟通技巧，包括与团队成员、上级、下属等的良好沟通。

（五）员工培养与反馈机制

提供新晋升员工所需的培训，帮助其更好地适应新的职责和环境。面向管理岗位的员工提供领导力培训，帮助其更好地履行领导职责。组织可以采用 360 度反馈的方式，让员工得到来自多方面的评价，发现自身的优势和提升空间。在晋升岗位后，定期进行评估和沟通，了解员工在新岗位上的表现和需求。

为晋升员工提供职业导师，帮助他们更好地规划职业发展，解决职业发展中的问题。制订个性化的发展计划，根据员工的发展目标和职业规划，提供指导和支持。

（六）晋升机制的优化与调整

定期评估晋升机制的执行情况，了解员工对机制的反馈，发现问题和不足之处，及时调整和优化。随着市场和行业的变化，晋升机制需要灵活调整，确保与外部环境保持一致，满足组织的发展需求。

不同员工群体可能有不同的发展需求和特点，晋升机制要考虑到员工的多样性，制定灵活的政策。晋升机制需要与组织的战略目标相契合，确保晋升的员工能够更好地服务于组织的长期发展。

（七）晋升机制的沟通与透明度

建立有效的沟通机制，将晋升机制的设计原则、标准、流程等信息传达给所有员工，确保员工充分了解晋升机制的运作方式。

保持晋升机制的透明度和公平性，让员工相信他们有机会获得公正的评价和晋升机会，从而激发积极性和工作动力。

在晋升决策后，及时向申请晋升或被提名的员工提供反馈，明确晋升结果和原因，帮助员工更好地了解自身的优势和不足。征求员工对晋升机制的意见和建议，形成集体共识，通过员工参与，使晋升机制更具可接受性和合理性。

（八）晋升机制的风险和挑战

主管的主观评价可能导致晋升机制的不公平，因此需要建立客观的评估体系，减少主观性的干扰。存在不同部门、岗位之间晋升机会不均的情况，需要通过制度和政策的调整来实现公平。机制可能存在过于僵化的问题，无法适应组织和市场的变化，需要定期检讨和更新。有些员工可能在晋升后因为业务能力不足而无法胜任新的职责，这需要通过培训和支持来解决。

晋升机制的设计与运行对于组织的人才管理和发展至关重要。通过合理的设计要素、流程、标准以及员工培养和反馈机制，可以建立一个有效的晋升机制，激励员工积极工作，促进组织的长期成功。同时，对于晋升机制的优化与调整、沟通与透明度的提升以及应对风险和挑战的策略，都是确保晋升机制顺利运行的关键因素。在实践中，组织需要根据自身的特点和发展需求，不断优化晋升机制，使其更符合组织的战略目标，更好地服务于员工的职业发展和组织的整体发展。

二、职业智能的构成与发展路径

职业智能是指个体在职业领域中表现出来的智能水平和能力。它涵盖了多个方面，包括专业知识、职业技能、沟通能力、领导力等。本书将深入探讨职业智能的构成要素和发展路径，以帮助个体更好地理解和提升自己在职业领域中的智能水平。

（一）职业智能的构成要素

专业知识是指个体在特定领域内所掌握的理论和实践知识。职业智能的一个重要构成要素是对专业知识的深刻理解和熟练应用。此外，相关的职业技能也是职业智能的关键组成部分，包括技术技能、沟通技能、问题解决能力等。在职业环境中，有效的沟通和协作是至关重要的。职业智能包括了个体在与他人交往、团队协作、领导沟通等方面的智能水平。这涉及良好的口头和书面沟通能力、团队协作的技巧以及解决冲突的能力。

职业智能要求个体具备创新和解决问题的能力。这包括对新问题的敏感性、寻找解决方案的能力，以及在复杂情境下做出明智决策的能力。创新和问题解决能力是在职业发展中脱颖而出的重要标志。对于那些追求职业智能的人来说，领导力和管理能力是不可或缺的。这涵盖了对团队的领导、决策制定、目标达成的能力。职业智能的高水平表现在个体对于管理和领导的深刻理解，并能够在复杂环境中有效地进行组织和协调。

随着职业环境的变化，个体需要具备学习和适应的能力，以保持在职业领域中的竞争力。职业智能包括了主动学习的态度、快速适应新环境的能力，以及在变革中保持灵活性的能力。在职业领域中，良好的社交智能是建立人际关系、获取支持和推动事业发展的关键。这包括情商、人际沟通、人际关系管理等方面的能力。

（二）职业智能的发展路径

职业智能的发展首先需要在教育和培训阶段进行系统的学习。这包括在学校、职业培训机构或在线学习平台获取相关专业知识和技能。实践是职业智能发展的关键。通过在实际工作中的经验积累，个体能够更深刻地理解职业领域的要求，提升专业知识和技能。

接受来自他人的反馈是发展职业智能的有效途径。通过了解他人对自己表现的评价，个体能够发现自己的优势和不足，从而有针对性地进行改进。职业领域的知识和技术在不断更新和演进，因此持续学习是发展职业智能的必要条件。个体应保持学习的习惯，通过参加培训、研讨会、阅读专业文献等方式不断更新自己的知识体系。

有经验的导师可以为个体提供宝贵的职业指导和建议。通过与导师建立联系，个体可以借鉴导师的经验，加速职业智能的发展。加入专业社群和网络可以促进个体与同行的交流与合作，获取行业内的最新信息和发展趋势，有助于扩展社交智能。

个体可以通过主动拓展职业领域，涉足新的工作领域，以拓宽自己的职业视野，培养适应新环境的能力。

（三）职业智能的重要性

职业智能的高水平直接关系到个体在职业生涯中的成功。拥有全面的职业智能能够使个体更好地适应职业环境的变化，提高解决问题和应对挑战的能力，从而更容易取得职业成功。拥有高水平的员工职业智能是提高组织竞争力的重要因素。具备多方面职业智能的员工更有可能在工作中表现出色，为组织带来创新和高绩效[①]。

职业智能不仅关系到当前职业的表现，还对职业生涯的长期发展产生重要影响。个体通过不断提升职业智能，可以更好地适应职业生涯中不同阶段的需求，实现职业发展的可持续性。职业智能的提升有助于员工更好地完成工作，增强自信心和满意度，从而提高员工对组织的忠诚度。员工愿意不断提升职业智能，也反映了他们对个人职业发展的积极态度。

（四）职业智能的培养策略

个体应根据自身的职业目标和发展需求，制订个性化的职业发展计划。这包括明确发展方向、设定目标、制订学习计划等，以有针对性地提升各个方面的职业智能。积极参与各类培训和学习机会，包括专业技能培训、领导力培训、沟通技能培训等。通过学习不同领域的知识和技能，提高职业智能的全面性。

与有经验的导师建立联系，寻求其职业指导和反馈。导师可以分享宝贵经验，帮助个体更好地理解职业领域的要求，提升职业智能。加入专业社群和网络，与同行进行交流和合作。通过专业社群，个体可以获取行业内的最新信息、发展趋势，拓展社交智能。

培养解决问题和面对挑战的能力，主动寻找解决方案。通过应对挑战，个体可以更好地锻炼职业智能，不断提高应对复杂情境的能力。保持持续反思的习惯，定期审视自己的职业智能水平，发现不足并进行改进。通过不断地自我调整和提升，逐步提高职业智能的水平。

职业智能是个体在职业领域中成功发展的关键因素。其构成要素包括专业知识与技能、沟通与协作能力、创新与问题解决能力、领导力与管理能力、学习与适应能力以及社交智能。通过制订个性化发展计划、参与培训与学习机会、寻求导师和反馈、参与专业社群、主动解决问题和面对挑战、持续反思和改进等策略，个体可以逐步提升职业智能。职业智

---

① 毛建平. "互联网+"时代高校辅导员队伍建设研究［M］.天津：天津科学技术出版社，2017：110.

能的发展不仅对个体职业生涯成功至关重要，也对组织的竞争力、员工满意度和忠诚度产生积极影响。因此，培养和提升职业智能是个体和组织共同关注的重要议题。

第三节　学科交叉与综合素养在新时代的重要性

一、学科交叉的优势与职业发展关系

学科交叉是指将不同学科领域的知识和方法相互融合，创造新的领域或解决问题的过程。在当今复杂多变的社会和职业环境中，学科交叉展现出明显的优势，对个体职业发展产生深远影响。本书将探讨学科交叉的优势，并分析其与个体职业发展的关系。

（一）学科交叉的优势

学科交叉为个体提供了获取多元知识和思维方式的机会，有助于创造性思维的形成。不同学科的交叉可以激发新的观点和思考方式，从而推动创新的发生。在职业发展中，创新能力是适应变化和应对挑战的重要因素，学科交叉为个体提供了更广阔的思维空间，使其更容易在工作中提出独特而有效的解决方案。学科交叉能够使个体具备跨界问题解决的能力。在复杂的职业环境中，问题往往不仅仅局限于某一学科领域，而是涉及多个领域的知识。学科交叉使个体能够更全面地理解和解决跨学科性质的问题，提高问题解决的综合能力。

学科交叉有助于培养个体的综合素养，使其具备更全面的知识结构和能力。通过涉足不同学科，个体可以拓展自己的知识面，培养综合运用知识的能力。这种综合素养在职业发展中尤为重要，使个体更具备适应不同工作环境和角色的能力。

学科交叉为个体提供了更广泛的职业选择空间。在一个学科领域中，个体可能受到专业领域的限制，而学科交叉使得个体能够涉足多个领域，具备更多的职业选择。这有助于个体找到更符合自己兴趣和能力的职业方向，提高职业发展的满意度。

5.团队协作优势

学科交叉不仅体现在个体层面，也在团队层面具有显著的优势。拥有来自不同学科背景的团队成员可以带来丰富的思维和经验，提高团队的创造力和问题解决能力。个体在这样的团队中更容易学习和成长，促进自身职业发展。

（二）学科交叉与个体职业发展关系

学科交叉使个体能够拓展自己的职业发展路径。通过学习和掌握不同学科领域的知识和技能，个体可以选择更多样化、复合型的职业发展路径。这有助于应对职业生涯中的不同阶段和挑战，提高职业发展的灵活性。拥有学科交叉的知识和能力使个体更具备职业竞争力。在跨学科的能力基础上，个体可以更好地适应行业和市场的变化，更容易脱颖而出。在职业发展的竞争中，具备多学科背景的个体更受雇主和市场的青睐。

学科交叉能够为个体的职业晋升提供助力。在职业晋升过程中，综合素养和创新能力往往成为重要的评价标准，而这正是学科交叉所培养的优势。个体在不同学科领域的经验和能力使其更容易胜任复杂的管理和领导职责，推动职业发展迈向更高层次。学科交叉为个体创造了更多创业机会和创新发展的可能性。创业往往需要解决复杂多变的问题，而学科交叉使个体能够更全面地理解和解决这些问题。在创业过程中，跨学科背景的个体更容易发现市场机会，推动创新发展。

通过参与不同学科领域的学术研究、项目合作等，个体可以建立广泛的人际关系网络。这对于职业发展非常重要，因为广泛的人际关系可以为个体提供更多的职业机会、合作伙伴和资源支持。

（三）学科交叉的挑战与应对策略

不同学科领域有各自的术语、方法和理论体系，可能存在沟通困难。为应对这一挑战，个体可以通过积极学习和了解其他学科的基本知识，参与跨学科团队，加强与其他领域专业人士的交流与合作。学科交叉可能导致学科边界的模糊和界定问题。为应对这一挑战，个体可以注重自身在某一领域的专业深度，同时保持对其他领域的了解。在实践中，灵活运用跨学科知识，避免导致学科边界的固化。

在一些领域，学科认可和评价标准可能对于跨学科的工作存在一定的局限性。个体可以通过积极参与相关学术、专业组织，争取跨学科工作的认可，并努力在学科间建立起具有权威性的成果和声望。在职业发展过程中，跨学科的个体可能会面临资源分配和职业定位的问题。为应对这一挑战，个体可以选择在职业发展的早期明确自己的发展方向，并寻找支持跨学科工作的组织和机构，以获取更多的资源和机会。

学科交叉要求个体持续学习和更新多个领域的知识。为应对这一挑战，个体需要培养持续学习的习惯，关注不同领域的最新发展，通过参与培训、研讨会等方式保持自身知识的更新。学科交叉在当今社会和职业环境中展现出明显的优势，对个体职业发展产生了深远的影响。通过提升创新能力、跨界问题解决、综合素养、职业多样性和团队协作优势，学科交叉为个体创造了更广泛的职业机会和发展空间。同时，学科交叉也面临沟通困难、学科边界界定问题、学科认可与评价标准、资源分配和职业定位、持续学习与更新等挑战，个体需要通过积极学习、团队协作、资源整合等策略来应对这些挑战。

在职业发展中，个体应保持开放的心态，勇于尝试跨学科的学习和工作，不断拓展自己的知识面和能力。通过建立广泛的人际关系网络，参与跨学科团队，不仅可以提升自身的职业竞争力，还有助于推动行业和社会的创新发展。综合而言，学科交叉对于个体职业发展具有积极的推动作用，有助于形成更具创造力和综合能力的职业发展路径。

二、综合素养对新时代辅导员的职业要求

综合素养是指个体在多个方面的知识、能力、品德等方面的综合水平。对于新时代辅导员而言，综合素养是其职业成功和有效履职的基石。本书将深入探讨综合素养对新时代辅导员的职业要求，并分析在不同方面如何提升综合素养以更好地适应职业发展的需要。

（一）综合素养的内涵

辅导员作为教育管理领域的专业人士，需要具备扎实的专业知识和技能。这包括心理学、教育学、辅导技能等方面的知识，以及组织管理、沟通协调、问题解决等实践技能。综合素养的提升需要辅导员在专业领域保持不断学习、更新知识，并通过实践不断提高工作技能。辅导员与学生、家长、教职员工等多个群体有着密切的联系，因此需要具备出色的沟通和人际关系能力。综合素养要求辅导员善于倾听、表达清晰，能够建立和维护良好的人际关系。这包括处理矛盾、解决问题的能力，以及在团队协作中展现出卓越的团队精神。

辅导员常常面对学生的情感问题和心理困扰，因此需要具备较强的心理健康和情绪管理能力。综合素养要求辅导员能够保持稳定的情绪，关心并理解学生的心理状态，提供有效的心理支持和辅导。同时，辅导员自身的心理健康也是其有效履职的基础。教育工作者的敬业精神和责任心对于职业成功至关重要。综合素养要求辅导员具备对学生的真挚关爱、对工作的高度责任心，以及持续提升的教育热情。辅导员的辛勤工作和专注精神将有助于营造积极向上的教育氛围。

新时代辅导员需要具备创新和问题解决的能力。面对复杂多变的学生问题和教育环境，辅导员需要不断思考并寻找创新的辅导方法和解决方案。综合素养要求辅导员具备主动学习的态度，勇于尝试新的辅导理念和方法。作为学校的一员，辅导员需要具备较强的社会责任感和公共关系能力。综合素养要求辅导员关注社会问题，为学生提供更广泛的发展机会，同时能够在学校与社会之间建立良好的沟通与合作关系。

（二）综合素养对新时代辅导员的职业要求

新时代辅导员需要具备多元文化素养，能够理解和尊重不同文化背景下学生的差异性。这涉及跨文化沟通、多元教育方法的应用，以及促进校园文化多元融合的能力。随着信息技术的飞速发展，新时代辅导员需要具备良好的信息技术素养。这包括运用信息技术开展学生管理、沟通、数据分析等方面的工作，提高工作效率和精准度。

新时代辅导员需要具备创业精神，能够面对挑战主动创新，积极探索更有效的辅导方法。创业精神涵盖了勇于尝试、接受失败并学习、持续改进的态度。在学校系统中，辅导员需要具备团队协作与领导力。综合素养要求辅导员能够在团队中协调合作，与同事共同促进学校的整体发展。同时，具备一定的领导力，能够在需要时发挥领导作用。新时代辅导员应具备持续学习的意识，关注教育领域的新理念、新政策，并根据个人兴趣和职业目标制定职业发展规划。综合素养要求辅导员具备自我反思的能力，能够不断提升自己的知识水平和专业素养，适应职业发展中的变化。

新时代辅导员需要具备较高的社交智能，善于处理人际关系。综合素养要求辅导员能够建立与学生、家长、同事之间的积极互动，处理各类人际关系，营造和谐的校园氛围。辅导员在面对学生问题、家长关切时，需要具备良好的公共关系和危机管理能力。综合素养要求辅导员能够妥善处理各类舆情事件，保护学校和个人的形象。

由于辅导员工作涉及多个领域，新时代辅导员需要具备跨学科合作的能力。综合素养要求辅导员能够整合各方资源，发挥综合能力，更好地履行教育管理的职责。了解和遵守法律法规是新时代辅导员的基本要求。综合素养要求辅导员具备一定的法律法规素养，能够为学校提供法律咨询，维护学校的合法权益。作为教育工作者，新时代辅导员需要具备公益精神和社会责任感。综合素养要求辅导员能够关注社会问题，积极参与公益活动，传递正能量，为社会作出积极贡献。

（三）提升综合素养的策略

辅导员应保持对新知识的敏感性，通过参加专业培训、学术研讨、研修班等方式，不断提升自己的专业水平。在新时代，信息更新速度快，持续学习是保持竞争力的关键。辅导员可以通过参与学科交叉、团队项目、创新实践等方式，培养创新思维和解决问题的能力。这包括主动尝试新的辅导方法，通过反思和总结不断提升工作的效果。

参与社会实践和公益活动有助于辅导员拓展社会视野，增强社会责任感。通过实际参与社会活动，辅导员能够更好地理解社会问题，为学生提供更全面的辅导服务。辅导员可以通过团队协作、担任团队负责人等方式，加强团队协作与领导力的培养。这有助于提升团队协作的能力，更好地推动学校全面发展。

辅导员需要注重自我管理和情绪调控。通过培养良好的自我管理习惯，辅导员能够更好地应对工作中的各种压力和挑战，保持情绪的稳定。了解和遵守法律法规是辅导员的基本要求。辅导员可以通过参加法律法规培训、学习相关法律文献等方式，提升法律法规知识水平，确保辅导工作的合法性。

辅导员应树立跨学科合作的意识，积极与其他专业人士、团队进行合作。通过跨学科合作，辅导员能够更好地整合资源，提高工作的综合能力。辅导员应注重与学校、家长、社会等各方建立良好的公共关系。通过参与学校活动、社交场合等方式，培养良好的公共关系意识，提高辅导员在校园中的影响力[①]。

综合素养对新时代辅导员的职业要求至关重要。在不断变化的社会环境和教育体制下，辅导员需要具备丰富的专业知识、卓越的沟通与人际关系能力、良好的情绪管理能力等多方面的素养。提升综合素养需要辅导员保持持续学习，培养创新思维，关注社会问题，积极参与社会实践和公益活动。此外，加强团队协作与领导力培养、法律法规知识学习、跨学科合作的意识发展、公共关系意识培养等都是提升综合素养的有效途径。

新时代辅导员应该以全面、多元、创新的视角看待自身的角色，注重自我提升和职业发展规划。在教育工作中，综合素养的不断提升将有助于辅导员更好地履行教育使命，更有效地服务学生，促进学校的全面发展。

通过以上分析，可以得知新时代辅导员综合素养的要求涉及多个方面，需要辅导员具备多元化的能力和素养。提升综合素养需要不断学习、实践和反思，也需要关注个体的情感与心理健康。辅导员应积极适应新时代的要求，培养创新精神，保持对教育事业的热情，努力成为学生成长道路上的引导者和支持者。同时，学校和社会应提供相应的支持和培训机会，共同促进新时代辅导员综合素养的提升。

第四节　职业导向与个性发展的新时代要求

一、新时代职业导向的个体选择

新时代背景下，职业导向成为社会发展和个体发展中至关重要的一环。职业导向旨在帮助个体更好地理解自己，明确职业目标，选择适合自己的职业方向，并为未来的职业发展制定有效的规划。本书将深入探讨新时代职业导向对个体选择的影响，并分析在不同层面如何实施有效的职业导向。

（一）新时代背景下的职业导向

新时代伴随着科技、经济、文化等多方面的快速发展，社会结构发生巨大变化。传统职业模式逐渐被打破，新兴行业和职业层出不穷。在这种背景下，职业导向需要更灵活、多样性，并适应快速变化的职业环境。个体在新时代对职业的期望和需求日益多样化。不同个体对工作的理解、对职业发展的期望各异，因此职业导向需要更注重个性化，帮助个体根据自身兴趣、价值观、能力等方面进行更精准的选择。

① 张兴雪，刘怀刚. "互联网 +" 时代高校辅导员队伍建设系统工程研究 [M]. 北京：九州出版社，2022：89.

科技的不断发展使得一些传统职业面临淘汰，同时也催生了新的职业领域。个体需要适应科技变革对职业结构的影响，职业导向要引导个体更好地适应未来职业的发展方向。

（二）新时代职业导向的特点

新时代的职业导向更加强调个体的自主性和个性化。个体在职业选择过程中，需要更多地考虑自己的兴趣、爱好、价值观等因素，而不仅仅是从事传统的、社会认可的职业。与过去简单地选择一个职业不同，新时代职业导向更注重个体的职业规划和发展。个体需要在职业选择的同时考虑未来的职业发展方向，制定长远的职业规划。

新时代职业导向要求整合多元化的职业资源，包括教育、培训、职业咨询等方面的资源。通过多方位的支持，帮助个体更好地了解职业领域，提升自身的竞争力。由于职业环境的不断变化，新时代职业导向注重培养个体的职业适应力。这包括学习新知识、掌握新技能、适应新的工作方式等方面，使个体能够更好地适应职业环境的快速变化。

新时代职业导向倡导创新精神和自主创业。个体在职业选择中，不仅可以选择传统的就业方式，还可以考虑创业和自主创新的机会。职业导向要引导个体更加积极地追求自己的创业梦想。

（三）新时代职业导向对个体选择的影响

新时代职业导向注重个体的自我认知，通过各种评估工具和咨询服务，促使个体更深刻地了解自己的兴趣、能力、价值观等方面。这有助于个体更准确地选择适合自己的职业方向。新时代职业导向通过引导个体思考未来的职业发展，帮助其树立长远的职业规划。个体在选择职业时，不仅关注眼前的就业机会，还要考虑职业的长远发展趋势，以便更好地规划自己的职业生涯。

新时代职业导向强调培养个体的职业适应力，使其能够更好地适应职业环境的变化。这包括学习新的技能、不断提升自己的知识水平，以及培养面对挑战的积极心态。新时代职业导向鼓励个体具备创新和创业的意识。个体在选择职业时，可以更加积极地考虑创业机会，勇于尝试新的领域，发挥个人的创造力和创业精神。职业导向引导个体认识到在新时代的职业发展中，创新和创业是实现个人价值和职业成功的重要途径之一。

新时代职业导向致力于帮助个体适应多元化的职业选择。在职业导向的指导下，个体可以更好地了解不同行业、领域的职业特点，明确自己的职业兴趣，有助于更准确地做出职业选择。

新时代职业导向强调整体性的职业发展观。个体在职业选择中，除了关注专业技能的提升外，还应关注综合素养、人际关系、领导力等方面的发展。职业导向引导个体在职业生涯中实现综合素养的提升。新时代职业导向通过提供多方面的职业支持和资源，帮助个体更好地选择和发展职业。这包括职业培训、职业咨询、招聘信息等方面的支持，为个体提供更全面、有针对性的职业指导。

（四）实施有效的新时代职业导向策略

通过引入职业测评和评估工具，帮助个体更全面地了解自己的职业兴趣、性格特点、能力优势等，为个体提供科学依据，指导其做出更准确的职业选择。建立专业的职业规划辅导机构，提供个性化的职业规划服务。辅导机构可以通过与个体深入交流，了解其职业需求和目标，为其量身定制职业发展方案。组织职业发展讲座和培训活动，邀请行业专家和成功人士分享职业经验和心得。通过这些活动，激发个体的职业热情，提高其对职业发展的认知。为个体创设职业实践平台，提供实习、实训、实践机会。通过实际参与职业活动，个体能够更深入地了解不同职业的工作内容、要求和发展前景，为职业选择提供实际经验。

与企业、行业建立紧密的合作关系，了解职业市场的需求和趋势。通过与企业、行业的合作，职业导向可以更准确地指导个体选择适应市场需求的职业方向。在教育体系中推动校企合作，让学生在学习过程中更早地接触到实际职业环境。校企合作可以为学生提供更多的实践机会，帮助其更早地确定职业方向。建立职业导向网络平台，提供职业信息、招聘信息、职业发展指导等服务。网络平台可以成为个体获取职业信息、进行职业规划的便捷途径，为其提供更广泛的职业支持。

新时代职业导向在社会变革、个体需求多样化的背景下，对个体选择产生深刻影响。其特点在于强调自主性和个性化、注重职业规划和发展、整合多元化的职业资源、促进职业适应力的培养、鼓励创新和创业。新时代职业导向通过引导个体更深刻地了解自己、树立长远的职业规划、提升职业适应力、鼓励创新和创业等方面，促使个体更好地适应职业环境的变化，达到个人职业发展的更高水平。实施有效的新时代职业导向策略，包括引入职业测评和评估工具、设立职业规划辅导机构、举办职业发展讲座和培训、创设职业实践平台、加强与企业和行业的合作、推动校企合作、建立职业导向网络平台等多方面的措施，可以更好地服务于个体的职业选择和发展。

二、个性发展对职业特长的发挥

（一）概述

随着社会的发展和职业结构的变化，个性发展逐渐成为影响职业特长发挥的重要因素。个性是每个人独特的心理和行为特征的集合，而职业特长则是个体在某一领域具有突出能力和擅长的特点。本书将探讨个性发展对职业特长的发挥产生的影响，分析在不同层面上如何促进个性与职业特长的有机结合。

（二）个性发展与职业特长的关系

个性在很大程度上决定了个体对不同职业的偏好和适应度。某些职业可能更适合具有开放性、外向性的个体，而另一些职业则更适合具有责任心、细致认真的个体。个性的差异会直接影响到个体对特定职业的选择，从而影响职业特长的发挥。个性与职业特长之间存在一定的契合度。当个体的个性与所从事的职业要求的特质高度一致时，个体更容易在该职业中表现出色。例如，一个具有创造力和冒险精神的个体可能更适合选择创意行业，从而更好地发挥自己在这个领域的职业特长。

个性与工作动机密切相关。个体在工作中获得满足感和成就感的同时，也更容易发挥自己的职业特长。个体对于挑战、自主性、团队协作等方面的工作动机，将直接影响其在工作中的表现和职业特长的发挥。

（三）个性发展促进职业特长发挥的途径

个体需要通过自我认知，深入了解自己的个性特点、兴趣爱好、价值观等方面的信息。通过建立明确的职业规划，将个性特长与所选择的职业方向有机结合，有利于更好地发挥职业特长。个性发展需要不断的学习和技能培养。通过获取新知识、培养新技能，个体能够更好地适应职业环境的变化，并提高在特定领域的职业特长。持续学习也有助于拓宽个体在职业发展中的广度和深度。职业导向与咨询服务可以帮助个体更清晰地了解自己的个性特征，并提供关于职业选择和发展的专业建议。借助这些服务，个体能够更有针对性地培养和发挥自己的职业特长。个体通过拓展职业圈子，积极参与社交活动，能够更好地了解职业领域的发展动态，并建立更广泛的人际关系。社交能力的提升有助于在工作中更好地发挥个体的职业特长。

培养创新思维和问题解决能力是发挥职业特长的重要途径。个体通过锻炼自己的思维能力，能够更灵活地应对职业中的各种挑战，展现出更为独特的职业特长。

（四）影响因素及对策

社会环境和文化背景对于个性发展和职业特长的形成有着深远的影响。在社会环境和文化背景多元的情况下，个体需要更加灵活地适应，培养开放、包容的个性特点。教育体制和培训机会的不同也会影响个体的个性发展和职业特长的培养。社会应该加强教育改革，提供更多元化、灵活的培训机会，促进个体在职业领域的多方面发展。

个体的家庭背景和成长经历对于个性发展和职业特长的塑造有着重要的影响。在家庭环境中，个体接受的教育、家庭价值观等都会对其个性产生深远的影响。社会应关注家庭教育的多样性，提供支持和资源，使得个体在成长过程中能够更好地发展自己的个性特点和职业特长。工作环境和组织文化对于个体的个性发展和职业特长的发挥同样至关重要。有助于个体充分发挥职业特长的工作环境和积极向上的组织文化，能够吸引更多的人才，推动个体在职业中不断取得成功。

社会认知和观念对于职业特长的发挥有一定的影响。社会应当推动积极的社会认知，鼓励多元化的职业发展观念，避免过于固化的职业印象，为个体提供更广泛的职业选择空间。

（五）个性发展与职业特长的未来趋势

未来，随着社会的不断发展，个性化发展将更加受到重视。个体在职业发展中将更注重挖掘和发展自己的个性特点，追求更符合个体需求的职业生涯。未来社会将更加重视多元化的职业特长，不同领域的专业人才都将得到认可。职业特长不再局限于传统领域，而是更加注重跨学科、跨行业的综合能力。随着创新创业精神在社会中的崛起，个性发展将与创新创业相结合。个体通过发展自己的个性特长，更容易在创新创业的领域中找到适合自己的发展路径。未来，职业环境的不断变化将要求个体具备更强的学习能力和适应能力。个性发展将更加注重终身学习，不断更新自己的知识和技能，以适应职业发展的不断需求。

个性发展对职业特长的发挥具有深远的影响，而职业特长的发挥又是个体在职业生涯中取得成功的重要因素。通过自我认知、学习与技能培养、职业导向与咨询服务、拓展职业圈子与社交能力、创新思维和问题解决能力等途径，个体能够更好地发展自己的个性特点，并将其有机结合到职业特长的培养与发挥中。未来，社会将更加注重个性化发展、多元认知、创新创业与终身学习的结合，为个体提供更广阔的职业发展空间。通过关注个性发展与职业特长的互动关系，社会能够更好地激发个体的潜能，推动职业发展的全面提升。

三、职业发展规划与个性化培养的结合

职业发展规划与个性化培养的结合是个体在职业生涯中取得成功的关键因素之一。随着社会的不断发展和职业环境的变化，越来越多的个体意识到制定职业发展规划并结合个性化培养是实现事业目标的有效途径。本书将深入探讨职业发展规划和个性化培养的内在联系，分析在不同阶段如何结合这两者，实现个体职业生涯的可持续发展。

（一）职业发展规划的基本概念

职业发展规划是个体在职业生涯中为实现职业目标而制定的长期计划和行动步骤。它涵盖了个体对职业生涯的整体设想、目标设定、职业选择和发展路径等方面的规划。职业发展规划有助于个体更明确地了解自己的职业目标，提高职业生涯的可控性。通过有计划地进行职业发展，个体能够更好地应对职业变革、提高职业竞争力，实现自身职业价值的

最大化[①]。

（二）个性化培养的基本概念

个性化培养是指根据个体的特质、兴趣、能力等因素，量身定制的培养计划和方法。个性化培养注重个体的差异性，旨在激发个体的潜能，提高学习效果和职业表现。个性化培养有助于充分发挥个体的优势，提高学习兴趣和动力。通过个性化培养，个体能够更好地适应不同的学习和工作环境，实现个体与组织的双赢。

（三）职业发展规划与个性化培养的结合

职业发展规划首先要明确个体的职业发展目标。在制定规划时，需要考虑个体的个性特质，确保职业目标与个性特质相互匹配。例如，对于具有创新思维的个体，可以制定更加灵活、更具创造性的职业发展计划。个体在追求职业发展目标的过程中，需要不断提升自己的知识和技能。个性化培养要求制订个性化的学习计划，根据个体的学习风格、节奏和喜好，量身定制学习内容和方式。

个性化培养强调充分发挥个体的兴趣和潜能。在职业发展规划中，应注重挖掘个体的兴趣所在，通过相关培养计划和项目，激发个体的学习动力和创造力。职业发展规划要求个体具备适应不同职业环境的能力。个性化培养在这方面的作用是培养个体的综合素养，包括沟通能力、团队协作能力等，使其更好地适应职业生涯中的多样性。

个体在职业发展中可能会面临跨领域的机会和挑战。个性化培养应鼓励个体拓展职业领域，培养其具备跨学科、跨领域的能力，使其更具竞争力。

（四）实施职业发展规划与个性化培养的策略

通过引入个性测评工具，帮助个体深入了解自己的个性特质、兴趣和价值观。基于测评结果，制定个性化的职业规划，明确职业发展方向，为个性化培养提供科学的基础。建立个性化导师制度，为个体提供专业的职业发展指导。导师可以根据个体的特点和目标，制定个性化的培养计划，定期进行指导和评估，促进个体在职业生涯中更好地发展。组织个性化培训项目，根据个体的职业发展需求，提供特色培训。这可以包括专业技能培训、领导力发展、沟通与团队协作等方面，以满足个体的个性化培养需求。

建立个体的个性化发展档案，记录个体的职业发展历程、取得的成就、反馈信息等。通过档案管理，可以更好地了解个体的成长轨迹，为调整和优化个性化培养计划提供依据。组织跨领域学习机会，鼓励个体参与不同领域的学习和实践。通过拓展学科边界，培养个体具备多元化的知识和能力，增强其在职业发展中的竞争力。建立有效的反馈机制，包括

---

① 郑利群．高校辅导员队伍素质能力提升策略研究 [M]．秦皇岛：燕山大学出版社，2022:84.

360度反馈、自评、同事评价等形式。通过及时的反馈，个体能够更清晰地了解自己的表现，调整职业发展规划和个性化培养计划，不断提升自身能力。

（五）个性化培养与职业发展规划的挑战与应对

个体可能存在自我认知不足的情况，难以清晰地了解自己的个性特点和职业发展需求。引导个体进行个性测评，提供专业的职业规划咨询服务，帮助其建立清晰的职业发展目标。一些组织可能面临资源不足的情况，无法提供全面的个性化培养支持。组织可以寻求外部资源合作，建立行业合作伙伴关系，共享培训资源。同时，制定有效的优先级和策略，合理分配有限资源。

个性化培训往往较为灵活，难以量化效果，给评估和反馈带来一定难度。建立定性和定量相结合的评估机制，通过综合考量个体的成就、反馈以及职业发展情况，综合评估个性化培养的效果。一些个体可能面临跨领域学习的困难，特别是在资源匮乏的情况下。组织可以提供在线学习资源，构建跨学科的学习平台，鼓励个体灵活选择学习内容，实现跨领域学习的便捷性。

（六）未来发展趋势

未来，随着人工智能技术的发展，可以借助智能系统进行更精准的个性化培养。通过大数据分析，系统可以更全面地了解个体的需求，为个体提供更精准的培养方案。随着全球化的深入，职业发展规划需要更多考虑全球职业市场的特点。未来，个体的职业发展规划将更加关注全球化视野，培养跨文化、跨国界的职业能力。未来，职业发展规划将更加强调持续学习的重要性。个体需要通过不断学习来适应职业环境的变化，而职业发展规划将成为指导个体持续学习的框架。职业发展规划与个性化培养的结合是推动个体职业生涯可持续发展的重要策略。通过明确职业发展目标、制定个性化学习计划、注重个体兴趣与潜能、培养适应能力等手段，可以使个体更好地适应职业环境的变化，提高职业竞争力。在实施过程中，个性化测评、导师指导、个性化培训项目等策略的引入能够更好地满足个体的个性化需求。然而，个性化培养与职业发展规划面临一些挑战，如个体自我认知不足、组织资源不足、培训难以量化等问题。人工智能的辅助、全球化视野的融入以及持续学习的强调将成为未来发展趋势。通过不断优化策略、建立有效的反馈机制以及整合资源，可以更好地应对这些挑战，推动职业发展规划与个性化培养的有机结合。

总体而言，职业发展规划与个性化培养的结合是实现个体职业生涯成功的重要路径。它不仅有助于个体更好地认知自己，明确职业目标，还能够通过个性化培养实现对个体的精准培养，提高其在职业领域的竞争力。在这个不断变化的职业环境中，这种结合为个体提供了更灵活、更适应性的职业发展模式，有望成为未来职业发展的主流趋势。

第六章　新时代高校辅导员队伍的
心理健康与团队协作

第一节　新时代辅导员心理健康的重要性

一、心理健康与辅导员工作关系的解读

心理健康是个体全面健康的重要组成部分，而辅导员作为学校中负责学生心理健康工作的专业人员，在学生的成长过程中扮演着关键角色。本书将深入探讨心理健康与辅导员工作的关系，分析辅导员在促进学生心理健康方面的作用和挑战，以及未来发展的趋势。

（一）心理健康的重要性

心理健康是指个体在心理、情感和社交层面的良好状态。它不仅仅意味着没有心理疾病，更强调积极的心理素质和适应能力，以及对生活的积极态度。良好的心理健康对于个体的全面发展至关重要。它与个体的学业表现、人际关系、情感调节等方面密切相关，直接影响个体在学校和社会中的生活质量和幸福感。

（二）辅导员工作的核心任务

辅导员是学校中负责学生发展、心理健康等工作的专业人员。他们既是学业生涯规划的导师，也是学生心理健康的关怀者。辅导员通过与学生互动，促进他们的全面发展。

辅导员负责引导学生规划学业生涯，提供学科和职业发展建议，协助解决学业问题。辅导员关注学生的心理健康状况，提供心理咨询、心理辅导，帮助学生解决情感问题。辅导员协助学生进行生涯规划，包括职业目标的明确、实习实践的安排等，帮助他们更好地适应社会发展的要求。辅导员通过个性发展辅导，促使学生认识自我、发现潜能，提高自我管理和情绪调控能力。

（三）心理健康与辅导员工作的关系

辅导员通过提供心理咨询服务，帮助学生解决情感问题，缓解压力，增强心理适应能

力。辅导员开展心理健康教育活动，向学生传授心理健康知识，提高他们对心理问题的认识和预防意识。辅导员在发现学生心理危机时，及时进行干预与处理，为学生提供紧急支持，确保他们的安全。

学业和生活的压力是学生心理健康的主要挑战，辅导员需要帮助他们有效应对。学生阶段容易面临人际关系的挑战，辅导员通过人际关系辅导，促进学生的社交技能和人际交往能力。学生在情感方面可能面临恋爱、家庭问题等困扰，辅导员需要提供情感支持和解决方案。

辅导员在促进学生心理健康方面的成效可以通过学生的心理健康状况、学业成绩、社交能力等方面进行评估。定期的心理健康调查、学生反馈以及相关数据的收集分析是评估的重要手段。

（四）未来发展趋势

未来，随着教育科技的不断发展，辅导员可以更多地运用在线平台、移动应用等工具，提供更便捷的心理健康服务。虚拟现实技术、智能语音助手等技术的引入，也有望提升辅导员工作的效能，实现更个性化、精准的心理支持。

心理健康问题往往涉及多个方面，未来的发展趋势之一是加强跨学科合作。辅导员可以与心理学专业、医学专业等领域的专业人员合作，形成综合性的心理健康服务体系，更好地满足学生的需求。未来的工作重点将更加注重心理健康的预防与教育。通过开展心理健康教育课程、举办心理健康主题活动，提高学生的心理健康素养，防范潜在的心理问题，培养学生积极的心理调适策略。

未来的辅导员工作将更加注重心理学理论与实践的结合，引入更先进的心理咨询方法和理念。例如，正念（Mindfulness）疗法、解决问题的短时心理治疗等新方法可能会成为辅导员工作中的重要工具。

（五）心理健康与辅导员工作的挑战与应对

学生心理问题呈多样化趋势，辅导员需要面对更为复杂的心理健康需求。提高辅导员的专业素养，不断学习更新心理学知识，加强团队协作，引入多元化的心理支持手段。随着社会竞争压力的增加，学生心理健康服务需求逐渐增加，辅导员工作压力加大。建立更为完善的心理健康服务体系，引入更多心理健康专业人员，借助科技手段提高服务效率[①]。

在进行心理健康服务时，涉及学生的个人隐私和敏感信息，需要更加关注数据安全问题。建立健全的数据隐私保护机制，严格遵循相关法规，采取加密、匿名化等手段保护学

---

① 柏杨．改革开放以来高校辅导员队伍建设研究［M］．成都：西南交通大学出版社，2018:58.

生隐私。一些地区或学校可能存在心理健康服务资源不足的问题，影响学生获得及时支持。推动政府、学校加大对心理健康服务的投入，建立心理健康服务网络，提高服务的可及性。

心理健康与辅导员工作密切相关，辅导员在学生心理健康方面的工作既是一项重要的责任，也是一项具有挑战性的任务。通过提供心理咨询、心理健康教育、危机干预等服务，辅导员为学生提供了全方位的心理支持，促进了他们的全面发展。

未来，随着社会的不断发展和学生心理健康问题的多样化，辅导员工作将面临更多挑战。通过利用教育科技、加强跨学科合作、强化预防与教育等方式，辅导员可以更好地应对这些挑战，提升心理健康服务的水平和效果。在这个过程中，政府、学校、社会各界都需要共同努力，为学生提供更全面、更有效的心理健康支持，促使学生在心理健康方面更好地成长和发展。

二、新时代工作压力对心理健康的影响

新时代工作压力对心理健康的影响成为一个备受关注的话题。随着社会的不断发展和经济的加速发展，工作环境的变化、竞争压力的加大，越来越多的人面临着巨大的工作压力。本书将深入探讨新时代工作压力对心理健康的影响，分析工作压力的来源、心理健康问题的表现，以及应对工作压力的有效策略。

（一）新时代工作压力的特点

在新时代，社会竞争激烈，许多行业都面临着激烈的市场竞争和技术变革。这种高度竞争带来的不确定性和压力，使员工面临着更大的工作压力。随着社会的发展，许多行业的工作强度和工作时间逐渐增加。长时间的工作和高强度的工作任务，使得员工需要付出更多的精力和时间，增加了工作压力。

虽然信息化的发展为工作提供了更多的便利，但带来了工作的灵活性。在一些行业中，员工需要时刻保持对信息的关注和反应速度，这增加了工作的不确定性和紧迫感，对心理健康产生影响。

（二）工作压力对心理健康的影响

长期的高强度工作和竞争压力容易导致员工出现焦虑和抑郁的情绪问题，表现为情绪低落、消极情绪增加等。工作压力过大会影响到身体的健康状况，导致身体不适、头痛、胃痛等生理问题。长时间的工作可能导致员工缺乏社交时间，影响社交关系，加重孤独感，对心理健康产生负面影响。长期的高度竞争和高强度工作容易导致员工出现工作疲劳，表现为工作效率下降、注意力不集中等。

工作压力对心理健康的影响不仅仅停留在个体层面，还涉及组织和社会层面。在组织

层面，员工的心理健康状况直接关系到工作效率和员工稳定性；在社会层面，大量的心理健康问题可能导致社会心理健康压力的集聚，甚至引发一系列社会问题。

（三）应对新时代工作压力的策略

制定合理的工作目标，明确工作重点，避免过度追求完美，减轻自身压力。学会拒绝一些无关紧要的工作，合理分工和委托工作，避免一人承担过多任务。保持规律的作息时间，合理安排工作和休息时间，提高身体素质，增强对抗压力的能力。遇到心理健康问题时，积极寻求专业的心理咨询帮助，及时缓解心理困扰。

组织建立积极向上的工作氛围，鼓励员工分享工作经验，互相支持，形成团队协作。组织为员工提供相关的培训和发展机会，帮助员工提升职业技能，提高工作的自信心和满足感。为员工提供更灵活的工作安排，例如弹性工作时间、远程办公等，增加员工的工作舒适度。定期进行员工工作满意度调查，了解员工的需求和困扰，及时采取措施解决问题。

社会应倡导工作与生活的平衡，强调工作不是唯一的生活追求，鼓励人们更好地安排生活，追求全面发展。社会可以建立更加完善的心理健康服务体系，提供心理健康咨询、心理疏导等服务，帮助人们更好地面对工作压力。社会需要推动相关法律法规的完善，加强对工作环境的监管，保障员工的合法权益，减轻他们的工作压力。社会可以通过开展心理健康宣传活动，提高公众对心理健康的关注和认知，减少心理健康问题。

（四）心理健康促进的未来发展趋势

未来，强化心理健康教育将成为重要趋势。从学校到职场，都需要加强对心理健康知识的普及，让人们更加了解心理健康，提高心理健康素养。一些先进的组织和企业可能会引入心理健康管理制度，通过制定相关政策和措施，为员工提供更全面的心理健康支持，形成心理健康管理体系。

随着科技的不断发展，心理健康科技将成为心理健康促进的新趋势。通过智能设备、APP 等工具，提供个性化的心理健康服务，实现更精准、便捷的心理健康管理。未来社会可能会推动心理健康法规的建立，加强对工作环境的监管，保护员工的心理健康权益，推动心理健康事业的可持续发展。

新时代工作压力对心理健康的影响是一个复杂而严重的问题。个体、组织和社会各层面都需要共同努力，采取科学有效的策略来应对工作压力，促进心理健康。通过个体层面的调适策略、组织层面的支持措施，以及社会层面的倡导和服务，可以缓解工作压力对心理健康的不利影响，实现全面的心理健康促进。

未来，随着社会的发展和人们对心理健康重视程度的提高，心理健康促进将成为社会发展的重要组成部分。通过全社会的共同努力，我们有望创造一个更加有利于个体心理健康的工作和生活环境。

三、心理健康与工作效能的关联

心理健康与工作效能之间存在着密切的关联。在现代社会，工作是人们生活中不可或缺的一部分，而心理健康则直接影响个体在工作中的表现。本书将深入探讨心理健康与工作效能之间的关系，分析心理健康对工作效能的影响机制，同时提出提升心理健康和工作效能的策略。

（一）心理健康对工作效能的影响机制

工作效能是指个体在工作中能够完成任务并达到预期目标的能力，是对个体工作表现的评价。高工作效能通常与更高的工作绩效和职业生涯发展有关。

良好的心理健康有助于个体更好地调控情绪，保持积极的工作态度，提高对工作的投入和热情。心理健康与认知功能密切相关，良好的心理健康有助于提高个体的认知能力，增强解决问题的能力，促进工作效能的提升。心理健康问题可能导致个体在人际关系中遇到困难，而良好的心理健康有助于建立良好的人际关系，促进团队协作，提高工作效能。

适度的工作压力有助于激发个体的积极适应能力，使其更好地应对挑战，提高工作效能。长期且过大的工作压力可能导致心理健康问题，如焦虑、抑郁等，从而降低工作效能。较高的工作满意度与良好的心理健康之间存在正向循环，即工作满意度提高有助于维持或提升心理健康水平，从而增强工作效能。

工作满意度降低可能导致心理健康问题，形成负向循环，影响个体的工作效能。

（二）心理健康促进工作效能的策略

合理安排工作和生活，避免过度工作，有助于缓解工作压力，提高心理健康水平。发展积极的情绪管理技能，学会有效地处理工作中的压力和挫折，有助于提高情绪稳定性，促进工作效能。积极建立和维护良好的人际关系，加强与同事之间的沟通与合作，有助于提升工作满意度和工作效能。

组织可以提供心理健康支持服务，包括心理咨询、心理健康培训等，帮助员工更好地应对工作压力。为员工创造积极、支持的工作环境，包括开展团队建设活动、提供员工发展机会等，有助于提高工作满意度和工作效能。提供更灵活的工作安排，包括弹性工作时间、远程办公等，帮助员工更好地平衡工作和生活，提高工作效能。

社会可以通过媒体、宣传等方式倡导心理健康意识，提高公众对心理健康的关注，减少心理健康问题。强化心理健康教育，从学校、企业等多个层面加强对心理健康知识的普及，提高公众的心理健康素养。

（三）心理健康与工作效能的提升途径

培养积极的心态有助于提升个体的心理健康和工作效能。个体可以通过学会调整自己的思维方式，将焦点放在积极的一面，更加关注解决问题的方法，从而更好地适应工作中的挑战和压力。情绪智力是指个体对自己和他人的情绪进行感知、理解、运用的能力。通过发展情绪智力，个体能更好地应对工作中的情绪波动，减轻工作压力，提高工作效能。

健康的生活方式对心理健康和工作效能都具有重要意义。保持规律的作息、合理的饮食、适度的运动等有助于提高身体素质，增强对抗压力的能力，从而促进心理健康和工作效能的提升。良好的人际关系是维护心理健康和提升工作效能的重要因素。个体可以通过加强与同事、领导之间的沟通与合作，建立积极的团队氛围，共同面对工作中的挑战，提升整体的工作效能。

在面对较大的心理压力和困扰时，个体可以主动寻求心理咨询与支持。专业的心理咨询师可以帮助个体厘清思绪，找到合适的应对策略，从而提升心理健康和工作效能。

（四）心理健康与工作效能的未来趋势

未来，随着科技的不断发展，个性化心理健康服务将更加普及。通过人工智能、大数据等技术，为个体提供定制化的心理健康辅导，更好地满足不同人群的需求，提升心理健康和工作效能。教育体系对培养学生的心理健康和工作效能具有重要作用。未来，教育体系可能会更加强调心理健康教育，培养学生良好的心理健康素养，为其未来的职业生涯打下坚实基础。

未来，公共政策可能会更加关注心理健康问题，并采取更有力的措施支持心理健康服务。通过建立健全的心理健康服务体系、加大心理健康资源的投入，提高社会对心理健康的关注度，从而促进整体工作效能的提升。

心理健康与工作效能之间存在着紧密的关联。良好的心理健康有助于提高个体的工作效能，而高效的工作环境和积极的工作态度也有助于维持心理健康。通过个体、组织和社会多方面的努力，包括培养积极心态、发展情绪智力、建立健康的生活方式、培养良好的人际关系等，可以促进心理健康和工作效能的提升。未来，随着社会的发展和对心理健康的重视，相信将有更多的策略和手段用于提升个体和整体的心理健康水平，推动工作效能的不断提升。

第二节　压力管理与情绪调控在新时代的实践

一、压力识别与管理的技能培养

在现代社会，人们普遍面临各种压力源，包括工作、学业、生活等方面。因此，压力识别与管理成为一项重要的生活技能。本书将深入探讨压力识别与管理的技能培养，分析有效的压力管理策略，以帮助个体更好地面对生活中的各种压力。

（一）压力的概念与分类

压力是指个体在面对各种挑战和需求时所经历的心理和生理的紧张状态[1]。它是生活中不可避免的一种体验，来源广泛，包括工作任务、人际关系、健康状况等方面。积极压力（挑战性压力），一些挑战性的任务和目标可以激发人们的积极性，促使其更好地适应和成长。消极压力（威胁性压力），来自过大的工作负担、人际冲突等问题，可能导致个体产生负面情绪，对身心健康造成影响。

（二）压力识别的重要性

通过识别压力，个体可以更好地保护自己的身心健康，及时采取有效措施减轻压力。意识到工作中的压力来源，有助于制定更合理的工作计划和目标，提高工作效能。

组织关注员工的压力状况，有助于维护员工的身心健康，提高员工的绩效水平。组织能够及时响应员工的压力问题，有助于减少员工因为长期高压力而离职的情况。

（三）压力识别的技能培养

培养对自身情绪的敏感性，时刻关注自己的情绪变化，及时察觉到可能的压力源。学会有效地调节情绪，通过积极的情绪表达、放松技巧等方式，减轻负面情绪。学会具体识别工作、生活中的压力源，明确造成压力的具体因素。对于识别出的压力源，深入分析其原因，明确哪些方面需要调整和改进。

设定清晰、具体的目标，有助于个体更好地分辨任务的优先级，减轻压力感。制订合理的计划，将大的任务分解为小的步骤，有序推进，减轻任务带来的紧迫感。养成规律的作息习惯，保证充足的睡眠时间，有助于调节身体的生物钟，提高抗压能力。保持均衡的饮食，摄入足够的营养，有助于提升身体的免疫力，减轻生理上的压力。

---

① 毛建平．"互联网+"时代高校辅导员队伍建设研究 [M]．天津：天津科学技术出版社，2017:43.

学会积极地与他人沟通，表达自己的感受和需求，减轻人际关系带来的压力。培养解决问题的能力，将压力问题具体化，寻找有效的解决方案，从根本上减轻压力。

（四）压力管理的有效策略

学会深呼吸，通过缓慢而深沉的呼吸，有助于放松身体，减轻紧张感。通过逐渐放松身体的各个部位，从而达到全身肌肉松弛的状态，减缓身体的紧张感。运动有助于释放身体中的紧张能量，提高身体的抗压能力。保持充足而高质量的睡眠，有助于身体和大脑的恢复，增强对压力的抵抗力。

制订明确的工作计划，规划每天的工作时间，避免过度拥挤的工作安排。将任务按照重要性和紧急性进行分类，优先处理重要而紧急的事务，有序安排工作，减轻时间压力。与朋友、家人保持紧密的联系，分享自己的感受和困扰，获得社交支持。如有需要，寻求专业心理咨询师或心理医生的支持，获取更深层次的心理帮助。

培养积极的心态，通过正向思考来应对问题，关注解决方案而非困扰。关注生活中的积极面，培养感恩的心态，有助于缓解负面情绪。

（五）未来趋势与展望

未来，随着科技的不断发展，各种应用和工具将更多地融入压力管理中。例如，基于人工智能的心理健康应用，可以为个体提供个性化的压力管理方案，更加精准地识别和解决个体的压力问题。组织将更加注重构建全员压力管理文化。通过开展培训、提供资源支持等方式，使员工更好地认识和管理自身压力，从而提升整体组织的健康和绩效。

未来，社会对心理健康教育的需求将不断增加。学校、企业等机构将更加注重心理健康教育，培养人们对于压力的科学认知和应对能力。压力识别与管理是现代社会中一个至关重要的生活技能。通过培养情绪智力、分辨压力源、制定明确目标与计划、建立积极的生活习惯等技能，个体可以更好地应对生活中的各种压力。同时，采取放松技巧、注重身体健康、合理进行时间管理与优先级设置、建立支持体系、培养乐观心态等有效策略，有助于缓解压力，提高生活质量。

未来，科技的发展、组织文化的演变以及社会对心理健康教育的关注将推动压力管理领域的不断创新。通过不断提升压力识别与管理的技能，个体和组织可以更好地适应复杂多变的社会环境，实现身心健康与工作效能的平衡发展。

二、情绪调控对工作满意度的影响

情绪调控是指个体在面对外部刺激和内部情感时，通过认知和行为手段调整自己的情绪状态。在工作环境中，情绪调控不仅关系到个体的心理健康，还直接影响到工作满意度。

本书将深入探讨情绪调控对工作满意度的影响，分析情绪调控的机制和重要性，并探讨提升工作满意度的有效策略。

（一）情绪调控的概念和分类

情绪调控是指个体有目的地调整和管理自己的情绪状态，以适应特定环境和情境，使情感经验更为积极和有益。

通过改变对事件的认知方式，调整对事件的情感反应，以更积极、理性的态度面对挑战。采取适当的方式表达情感，包括积极的表达和合理的沟通，有助于释放负面情绪。通过调整行为来影响情感状态，如采取积极的行动、改变日常生活习惯等。

（二）情绪调控对工作满意度的影响机制

有效的情绪调控有助于提高积极情绪，使个体更加愉悦、乐观，对工作产生积极的影响。情绪调控还可以帮助个体减轻负面情绪，如焦虑、沮丧等，减少负面情绪对工作满意度的干扰。有效的情绪调控有助于提高个体对工作的投入程度和热情，增强工作动力，从而提升工作满意度。良好的情绪调控有助于建立和维护良好的人际关系，减少工作中的冲突，提升整体的工作满意度。

良好的情绪调控有助于提升个体的工作效能，更好地应对工作中的挑战，提高工作满意度。有效的情绪调控可以降低个体在工作中面对的压力感，减缓工作压力对工作满意度的负面影响。情绪调控有助于减轻个体的心理负担，避免情绪问题对心理健康造成严重的影响，保持良好的心理状态。有效的情绪调控可以培养个体更好地应对挫折和困难的能力，从而提高工作满意度。

（三）情绪调控的重要性

情绪调控有助于个体保持积极的心态，更加乐观主动地应对工作中的各种挑战，提高工作满意度。良好的情绪调控有助于改善个体与同事、领导之间的关系，减少人际冲突，营造和谐的工作氛围，提高整体的工作满意度。

情绪调控有助于提升个体的工作效能，增强工作动力，提高工作投入度，从而更好地完成工作任务，提升工作满意度。有效的情绪调控是维护心理健康的重要手段，有助于预防和减轻焦虑、抑郁等心理健康问题，保持身心的健康状态。

（四）情绪调控的策略与技能培养

学会审视和转变对事件的消极认知，采用更积极的态度面对挑战，提高对工作的满意度。定期进行心理反思，了解自己的情绪反应，并寻找更合理的解释，培养乐观的心态。学会通过有效的沟通表达自己的情感，促进与同事、领导之间的良好沟通，避免情感积压对工作满意度的负面影响。寻找适当的方式释放情感，如通过运动、艺术创作等途径，将负面情绪转化为积极能量。

采取积极主动的行动来改变不满意的工作状况，从而提升对工作的掌控感和满意度。维护良好的生活习惯，包括规律作息、适当休息，有助于提升身体素质，对情绪调控起到积极作用。

通过积极参与团队活动、分享经验等方式，促进与同事之间的良好关系，提高工作满意度。学会有效地处理人际冲突，避免负面情绪在团队中蔓延，有助于创造和谐的工作环境。学会通过冥想、深呼吸等方式进行定期的放松，有助于缓解身体和心理的紧张感，提高工作满意度。当遇到较大的情绪困扰时，及时寻求专业心理咨询的支持，借助外界力量调整心理状态。

（五）实践中的情绪调控与工作满意度

领导者的情绪调控对团队起到示范作用，积极的领导情绪能够传递给团队成员，提升整体的工作满意度。领导者需要培养情感智商，更好地理解和引导团队成员的情绪，从而更好地激发工作潜力。打造开放的沟通氛围，鼓励团队成员分享情感和经验，促进情绪的良性表达。团队文化的构建应注重共享价值观，形成对积极情绪和工作满意度的共同认知。

个体应定期进行情绪自我监测，了解自己的情绪状态，及时进行调整。学会不断学习情绪调控的新方法，提升情绪调控的技能，更好地适应工作环境。

（六）未来展望

未来，随着科技的发展，可能会有更多的科技工具用于情绪调控，如基于人工智能的情感识别系统、虚拟现实技术等，为个体提供更个性化、智能化的情绪调控支持。教育体系可能会更加深入地融入情绪调控教育，培养学生从小学会情绪管理，提高他们在工作中的情绪调控能力。

未来，组织将更加关注员工的情绪状态，制定更科学的工作制度，提供更灵活的工作环境，以促进员工的情绪调控和工作满意度。情绪调控对工作满意度具有深远的影响。通过积极的情绪调控，个体能够提高积极情绪，减轻负面情绪，从而影响工作态度、工作绩效和心理健康。在实践中，个体可以通过认知重建、情感表达、行为调整、人际关系管理、心理健康培养等策略，培养良好的情绪调控能力。组织和领导者也应重视情绪调控，通过构建良好的团队文化、注重领导者的情绪管理等方式，共同营造积极的工作氛围。未来，随着社会的发展，情绪调控将更加深入人心，为提升工作满意度和促进个体成长发挥越来越重要的作用。

三、心理健康促进策略的实际应用

心理健康是个体全面健康的重要组成部分，对个体的生活质量、工作效能以及社会和谐起着至关重要的作用。随着现代社会的快节奏发展和生活压力的增加，心理健康问题日益引起关注。因此，制定并实施有效的心理健康促进策略成为当务之急。本书将深入探讨心理健康促进策略的实际应用，从不同层面提出并分析可行的策略，旨在为个体、组织和社会提供切实可行的方法，促进心理健康的全面发展[①]。

（一）个体层面的心理健康促进策略

鼓励个体保持均衡营养，摄入足够的维生素、矿物质和膳食纤维，避免过度依赖高糖、高脂食物。鼓励每天进行适度的体育锻炼，如散步、慢跑、瑜伽等，促进身心健康。培养良好的睡眠习惯，保持充足的睡眠时间，有助于恢复身体和大脑的功能。

培养个体通过积极的认知重建、情感表达和行为调整等方式，有效管理自己的情绪。鼓励个体培养对生活变化的适应能力，通过学习、成长和经验总结提升心理韧性。

鼓励个体主动参与社交活动，拓展社交圈子，培养良好的人际关系。培养个体主动寻求他人支持的能力，建立健康的社交支持网络[②]。

（二）组织层面的心理健康促进策略

创建积极、和谐的工作氛围，鼓励团队成员相互支持和协作。提供员工关怀服务，包括健康体检、心理咨询等，增强员工对组织的归属感。确保工作任务的合理分配，避免个体承担过重的工作压力。为员工提供与心理健康相关的培训，帮助他们更好地理解和应对工作压力。

提供弹性的工作时间和地点，使员工更好地平衡工作与生活，减轻工作压力。鼓励员工使用带薪休假，提供适当的休息时间，有助于缓解工作压力。

（三）社会层面的心理健康促进策略

通过媒体、社区等平台，开展心理健康知识的宣传，提高公众对心理健康的关注度。引入心理健康教育课程，帮助学生建立正确的心理健康观念和应对压力的能力。建设社区心理健康服务中心，为居民提供心理咨询、治疗等服务。设立心理健康热线，为有需要的人提供即时的心理支持。

通过教育和法律手段，倡导社会对心理健康问题的平等对待，减少对心理健康问题的

---

① 郑利群．高校辅导员队伍素质能力提升策略研究［M］．秦皇岛：燕山大学出版社，2022:51.
② 张兴雪，刘怀刚．"互联网＋"时代高校辅导员队伍建设系统工程研究［M］．北京：九州出版社，2022:94.

歧视和偏见。通过媒体等渠道，提高社会对心理健康问题的关注度，促使更多人理解和支持心理健康事业。

（四）心理健康促进策略的实际案例分析

某企业实施了全面的心理健康促进计划，包括以下几个方面的实际策略：为员工提供心理健康培训课程，包括情绪管理、压力释放等内容，提高员工的心理健康意识和能力。实行弹性的工作时间和地点，允许员工在一定范围内自由安排工作，提高工作的适应性和满意度。为员工提供专业的心理健康咨询服务，通过面对面或线上咨询，帮助员工解决工作和生活中的心理问题。

一所学校开展了心理健康教育项目，具体实施了以下策略：将心理健康教育纳入课程体系，为学生提供系统的心理健康知识和技能培训。成立学校心理辅导团队，定期进行心理健康辅导，帮助学生应对学业、人际关系等问题。营造积极的学校氛围，倡导关爱、理解和支持，减少学生心理健康问题。

（五）心理健康促进策略的挑战与应对

不同文化和社会群体对心理健康的理解存在差异，需要有针对性地开展宣传和教育工作。部分社会仍存在对心理健康问题的污名观念，需要通过宣传和教育改变这种观念。在一些地区，心理健康服务资源不足，需要加大对心理健康事业的投入和支持。一些企业和学校对心理健康工作的支持力度不够，需要提高其对心理健康的重视程度。

缺乏全面有效的心理健康评估工具，需要不断完善相关测量和评估手段。需要建立健全的心理健康监测体系，及时了解个体和群体的心理健康状况，制定有针对性的促进策略。

（六）未来展望

未来，随着科技的发展，人工智能、虚拟现实等技术将更多地应用于心理健康促进领域，提供更个性化、精准的心理健康服务。未来，心理健康服务将更加多元化，包括在线心理咨询、心理健康 APP 等，为个体提供更为便捷和灵活的服务。

在全球范围内，各国可加强心理健康领域的合作，分享经验、资源和技术，共同应对心理健康问题带来的挑战。心理健康促进是一个系统工程，需要个体、组织和社会的共同努力。通过制定和实施个体层面的健康生活方式、情绪调控和社交支持策略，组织层面的工作环境和文化建设、工作压力管理和灵活的工作安排，以及社会层面的心理健康宣传、服务体系建设和减少心理健康歧视等策略，可以全面提升个体的心理健康水平。

第三节　新时代团队建设与协作机制

一、团队建设的理念与目标设定

在现代组织管理中，团队建设被认为是提高工作效能、促进创新和提升员工满意度的重要手段。有效的团队建设需要有明确的理念和目标设定，以引导团队成员共同努力、合作愉快。本书将深入探讨团队建设的理念与目标设定，旨在为组织提供指导性的思考和实践建议。

（一）团队建设的理念

团队建设的理念之一是树立共同的目标意识。团队成员应该清晰地了解团队的使命和愿景，共同追求组织的战略目标。共同目标意识有助于激发团队成员的集体责任感，使大家心往一处想、劲往一处使，形成团结一致的力量。团队建设理念中的协同合作精神强调团队成员之间的紧密协作与互助。成员应理解团队的成功是集体的成功，个体的优势应该与他人的优势相辅相成。协同合作精神促使团队建设成为一个共同努力的过程，每个成员都在为整个团队的目标贡献力量。

建立开放沟通的文化是团队建设的重要理念之一。成员之间应该建立起畅通的沟通渠道，鼓励真实、坦诚的沟通。开放沟通有助于避免信息的不对称，减少误解和矛盾，提高团队协同效能。团队建设的理念还包括鼓励创新与适应能力。团队应该具备快速适应环境变化的能力，鼓励成员提出新的思路和观点。创新与适应能力使团队更有竞争力，更能在不断变化的市场中立于不败之地。

（二）团队建设的目标设定

团队建设的首要目标是建立强大的团队文化。团队文化是一种共同的信仰、价值观和共识，它能够凝聚团队成员，形成共同的行为准则。通过制定目标，团队能够共同努力，形成积极向上的团队文化。提升团队协同效能是团队建设的核心目标之一。协同效能是指团队成员通过有效的协作与配合，共同实现团队的目标。为达成这一目标，团队需要明确分工、搭建高效的协作平台，以及建立有效的沟通机制。

团队建设的目标之一是发展团队成员的个人能力。通过培训和发展计划，团队成员能够提升专业技能、领导力和沟通能力，使每个成员都能够更好地发挥自己的优势，为团队的整体发展做出贡献。创新是团队在竞争激烈的市场中立于不败之地的关键。因此，提高团队的创新能力是团队建设的重要目标。团队成员应该被鼓励提出新的想法，团队领导者要营造一个支持创新的环境，从而推动团队不断进步。

随着市场和环境的变化，团队需要具备强大的适应能力。因此，团队建设的目标之一是提升团队的适应能力。团队成员需要具备灵活性和变革意识，能够在面对变化时迅速调整策略和行动计划。

（三）实现团队建设理念与目标的关键策略

为了实现团队建设的理念与目标，首先需要制定明确的团队目标和愿景。这些目标和愿景应该与组织的整体战略保持一致，具有挑战性和激励性。明确的目标和愿景能够为团队提供清晰的方向，激发团队成员的积极性。开展团队建设需要建立起有效的沟通机制。领导者应该鼓励开放沟通，倾听团队成员的意见和建议。定期组织团队会议、工作坊或沟通培训，以促进成员之间的良好沟通。通过建立透明、开放的沟通文化，可以更好地传递信息，减少误解，增进团队协同效能。

团队建设的成功与工作环境密切相关。领导者应该设计有利于团队协作的工作环境，包括灵活的办公布局、先进的技术支持、鼓励交流的休息区域等。一个舒适、开放的工作环境有助于促进成员之间的互动和合作。为了发展团队成员的个人能力，组织需要提供系统的培训和发展计划。这可以包括技能培训、领导力发展、沟通技巧等方面的培训。通过不断提升团队成员的个人素养，可以更好地满足团队建设的目标。

建立团队评估和反馈机制是实现团队建设目标的重要一环。定期进行团队绩效评估，了解团队的优势和不足，及时调整团队建设策略。同时，为团队成员提供及时的个人反馈，帮助他们不断改进和提升。为了提高团队的创新能力，领导者应该鼓励团队成员提出新的观点和创意。设立奖励机制，激励成员分享经验和知识。创建一个开放、包容的团队文化，让每个成员都受到鼓励和支持，从而推动团队不断创新。

共同的价值观是团队建设理念的核心。领导者需要强调团队的共同价值观，使团队成员在行为和决策中始终保持一致。共同的价值观能够增强团队凝聚力，使团队成员在面对困难和挑战时更加团结。

（四）团队建设的挑战与应对策略

团队中成员的差异性可能导致理念的不一致和目标的分歧。应对策略是通过团队培训和沟通活动，增进成员之间的理解和尊重，建立共同的认知。团队建设过程中，难免会出现冲突。领导者需要具备良好的冲突管理能力，鼓励成员提出问题并寻找解决方案，以促进团队的和谐发展。

目标设定不清晰可能导致团队无法准确把握方向。领导者应明确传达组织的战略目标，确保每个团队成员对目标的理解一致。团队建设是一个长期的过程，需要持续关注和投入。领导者应制定长远规划，建立长期的团队建设机制，确保团队能够持续发展。

团队建设的理念与目标设定是组织成功的重要基石。通过明确的理念，如共同目标意识、协同合作精神、开放沟通文化等，以及设定明确的目标，如建立强大的团队文化、提升团队协同效能、发展团队成员的个人能力等，可以引导团队成员共同努力，创造卓越业绩。在实施过程中，关键策略包括制定明确的团队目标、建立有效的沟通机制、设计有利于团队协作的工作环境等。面对困难和挑战，领导者需要具备解决问题的能力，有效应对团队成员的差异性、团队冲突的管理等。通过持续关注和投入，良好的团队建设可以成为组织成功的不竭动力。

二、新时代团队协作模式的创新

随着时代的发展和社会的变革，团队协作作为组织管理和工作方式的核心，也在不断演进和创新。新时代团队协作模式的创新不仅关乎组织的高效运作，更涉及员工的工作体验和创造力释放。本书将探讨新时代团队协作模式的创新，从领导力、技术应用、文化建设等多个维度进行深入分析。

（一）领导力的创新

传统上，领导力往往集中在组织的高层管理者身上。而新时代团队协作模式的创新之一是共享领导力的引入。共享领导力强调团队中每个成员都可以在不同的情境下展现领导力，领导不再是单一的角色，而是一种分布式的力量。这样的创新模式能够激发团队成员的积极性，培养更多的领导者[①]。

新时代注重员工的情感体验，情感智能领导成为团队协作模式的创新方向。领导者不仅需要具备业务素养，还要关注员工的情感状态，理解和满足他们的需求。通过建立亲和力和共鸣，领导者能够更好地激发团队的凝聚力和创造力。传统的垂直领导结构逐渐向扁平化发展。扁平化领导结构强调信息和决策的快速流通，避免了层级冗余，使组织更加灵活。这种创新的领导结构有利于团队成员更直接地参与决策和沟通，提高工作效率。

（二）技术应用的创新

新时代的团队协作离不开云协作平台的支持。云协作平台通过提供在线办公、文件共享、实时沟通等功能，使团队成员能够随时随地进行协作。这种创新的技术应用大大提高了团队的灵活性和响应速度。

---

① 丘进，卢黎歌. 机制·创新·长效：高校辅导员队伍建设研究 [M]. 西安：西安交通大学出版社，2012：143.

　　人工智能的引入使团队协作更加智能化。通过机器学习和自然语言处理等技术，人工智能可以协助团队成员完成重复性、烦琐的任务，提高工作效率。同时，智能分析工具也能够为团队提供数据支持，辅助决策过程。

　　虚拟和增强现实技术为团队提供了全新的协作体验。团队成员可以通过虚拟平台共同进行项目演示、虚拟会议等，跨越地域的限制，实现更加直观的沟通和合作。这种技术的创新改变了传统协作的方式，使团队更加互动和创意。

（三）文化建设的创新

　　新时代的团队协作倡导弹性工作文化，即不拘泥于传统的固定工作时间和地点。弹性工作文化允许员工更加灵活地安排工作，提高了工作的适应性和员工的满意度。这种文化创新有助于吸引和留住优秀人才。团队协作模式的创新需要相应的激励机制来支持。传统的绩效奖金可能不再吸引团队成员，新时代的激励机制更加注重团队的合作表现。通过设立团队奖励、项目分红等方式，激发团队成员的合作热情。

　　开放分享文化鼓励团队成员分享知识、经验和想法。在这种文化中，团队成员之间的合作不再受制于信息的封闭，而是通过共享推动团队的创新。这种开放的文化建设有助于打破信息壁垒，促进团队协作。

（四）挑战与应对策略

　　随着技术应用的创新，团队面临着技术安全和隐私问题。解决这一挑战的策略包括采用先进的加密技术、建立健全的安全管理体系，以及合规审查新技术的合法性。新的技术应用需要团队成员具备相应的技能和适应能力。因此，组织需要制订培训计划，确保团队成员能够熟练使用新的协作工具和技术。培训可以通过在线教育、工作坊等形式进行，帮助团队更好地适应新时代的协作模式。

　　共享领导力和情感智能领导等新型领导力要求领导者具备不同的技能和心理素质。组织需要通过培训和发展计划，帮助领导者适应新的领导力要求，引导他们更好地应对团队协作模式的创新。文化建设的创新往往需要面对组织内部文化的传统和固有观念。挑战在于如何引导组织成员接受新的文化理念，积极参与文化建设。应对策略包括设立文化变革的明确愿景和目标，通过激励机制推动文化的转变，以及通过示范和引导形成新文化的典范。

　　新时代团队协作模式的创新是适应社会发展和科技进步的必然趋势。从领导力、技术应用和文化建设等多个维度进行创新，能够使团队更加灵活、高效，并更好地适应不断变化的环境。然而，这一创新也伴随着一系列挑战，如技术安全、领导力培养和文化变革等。通过科学合理的策略和手段，组织能够更好地应对挑战，推动团队协作模式的健康发展，取得更为显著的业绩成果。新时代团队协作模式的创新既是一项重要的管理任务，也是组织持续发展的动力源泉。

第四节　新时代职业倦怠的防范与治理

一、职业倦怠的识别与早期干预

职业倦怠是长期暴露于工作压力、重复性任务和职业无聊等因素下产生的一种负面心理状态。随着社会的快速发展和工作环境的不断变化，职业倦怠问题日益受到关注。对于个体而言，职业倦怠可能导致身心健康问题、职业生涯的停滞，对组织来说，也可能引发员工流失、工作效能下降等一系列问题。因此，识别职业倦怠并进行早期干预显得尤为重要。本书将探讨职业倦怠的识别方法、早期干预的策略以及组织在帮助员工应对职业倦怠方面的角色和责任。

（一）职业倦怠的识别方法

1. 生理指标

职业倦怠常伴随着身体疲劳，通过测量体力活动、血液中的疲劳物质（如乳酸）水平等生理指标，可以初步判断个体的身体疲劳程度。职业倦怠可能导致睡眠问题，包括失眠、易醒、睡眠质量下降等。通过监测睡眠时长和质量，可以发现潜在的职业倦怠迹象。

2. 心理指标

职业倦怠常伴随着情绪波动，包括焦虑、抑郁等。通过心理问卷、情绪日志等方式，可以了解个体的情绪状态，判断是否存在职业倦怠。个体对工作的满意度下降可能是职业倦怠的表现之一。定期进行员工满意度调查，收集员工对工作的评价，有助于发现职业倦怠的征兆。

3. 行为表现

职业倦怠会对工作绩效产生负面影响，表现为工作效率降低、错误增多等。通过定期评估工作绩效，可以发现潜在的职业倦怠问题。职业倦怠可能导致个体与同事之间的关系紧张、沟通问题等。通过观察员工的社交行为和团队互动，可以发现是否存在职业倦怠的迹象[①]。

---

① 丰硕．高校辅导员队伍建设与工作制度发展研究 [M]．长春：吉林出版集团股份有限公司，2022：127.

（二）职业倦怠的早期干预策略

1. 制订合理的工作计划

合理分配工作任务，避免员工长时间面对单一任务或高强度工作。通过合理的任务分配，减轻员工的工作压力，降低职业倦怠的发生率。合理安排工作时间，避免过长的工作时长和连续的加班。保障员工有足够的休息时间，有助于缓解工作压力，减少职业倦怠的风险。

2. 提供职业发展机会

为员工提供不断学习和提升的机会，包括技能培训、职业发展规划等。通过培训，提高员工的专业素养和职业满足感，降低职业倦怠的可能性。组织可以提供职业规划支持，与员工共同制定职业目标，激发其对工作的热情。明确的职业发展路径有助于员工保持对未来的期望，减轻职业倦怠感。

3. 支持团队协作与社交活动

加强团队协作，建立良好的团队氛围。通过团队建设活动、团队培训等方式，增强团队凝聚力，降低员工感到孤立和压力的可能性。鼓励员工进行社交活动，提供社交支持。组织可以组织员工聚餐、团队活动等，促进同事之间的交流，减轻职业倦怠带来的负面情绪。

4. 制订心理健康计划

提供心理咨询服务，为员工提供专业的心理健康支持。员工可以通过咨询表达工作压力和困扰，寻求心理调适的帮助。心理咨询师可以针对个体的职业倦怠问题提供定制化的解决方案，帮助其更好地应对压力。开展心理健康教育活动，向员工传递有效的心理调适技巧。这包括压力管理、情绪调控等方面的知识，帮助员工建立积极的心理健康观念，提高应对职业倦怠的能力。

5. 引入灵活的工作制度

提供弹性工作时间，让员工更加自由地安排工作。弹性的工作时间可以满足员工个体差异，减少工作对生活的冲突，有助于降低职业倦怠风险。引入远程办公政策，让员工有更多的选择在家工作。远程办公有助于缓解通勤压力，提高工作灵活性，对于一些容易感到职业倦怠的员工来说，是一种有效的干预手段。

（三）组织在职业倦怠干预中的角色和责任

组织应该致力于打造健康的工作文化，强调员工的身心健康重要性。建立开放、支持和关怀的工作环境，让员工感到组织对他们的关注和支持。为员工提供必要的资源和支持，包括培训机会、职业规划辅导、心理健康服务等。组织可以建立完善的员工支持体系，让员工感到在面临职业倦怠问题时有可以依靠的资源。

建立畅通的沟通渠道，让员工能够随时表达工作中的困扰和需求。组织领导应保持开放的沟通文化，及时了解员工的工作状态，发现职业倦怠的征兆。组织可以通过组织团队建设活动、推动团队合作项目等方式，创造机会促进团队合作。良好的团队合作氛围有助于减轻个体的工作压力，降低职业倦怠的风险。制定灵活的工作制度，满足员工的个体差异。组织可以引入弹性工作时间、远程办公等政策，为员工提供更多的选择，有助于缓解工作压力。

组织领导应该关注员工的职业发展与规划，为其提供成长机会。通过定期的职业规划辅导，帮助员工设定职业目标，增强对工作的投入感和满足感，减少职业倦怠的可能性。

职业倦怠是一个影响个体和组织的严重问题，但通过早期识别和干预，可以有效减缓其负面影响。通过监测生理、心理和行为指标，可以及早发现职业倦怠的迹象。在早期干预阶段，组织可以通过制订合理的工作计划、提供职业发展机会、支持团队合作等方式，帮助员工应对职业倦怠。组织在职业倦怠干预中扮演着重要的角色，需要制定健康的工作文化、提供资源和支持、建立沟通渠道等，为员工提供全方位的关怀。通过个体和组织的共同努力，可以更好地预防和缓解职业倦怠问题，创造更健康、积极的工作环境。

二、团队支持与资源分享对职业倦怠的缓解

职业倦怠作为一种长期暴露于工作压力、情绪疲劳和职业无聊等因素下的负面心理状态，给个体和组织都带来了不可忽视的问题。在这个背景下，团队支持和资源分享成为缓解职业倦怠的重要手段。本书将深入探讨团队支持和资源分享对职业倦怠的缓解作用，从理论和实践两个方面进行综合分析。

（一）团队支持对职业倦怠的理论基础

社会支持理论认为，个体在面对压力和困难时，通过社会网络中的支持获取情感、信息和实质性的帮助，从而缓解负面情绪和压力。团队支持作为社会支持的一种形式，在职业倦怠的缓解中发挥着关键作用。团队成员之间的相互关心、理解和支持，有助于个体更好地应对工作中的挑战，减轻职业倦怠的程度。

领导-成员交换理论强调组织中形成的领导与员工之间的高质量关系对员工的工作体验和职业发展有着积极的影响。在一个支持性的团队中，领导和成员之间建立了良好的交换关系，领导的支持和信任会传递给员工，形成一种共同的目标感。这种关系有助于提升员工的工作满意度，减轻职业倦怠。

（二）团队支持对职业倦怠的实践效果

团队中的情感支持主要体现在成员之间的理解、关心和鼓励。个体受到团队成员的情

感支持时，更有可能缓解因工作压力、挫折和疲劳而产生的负面情绪，提升工作积极性，减轻职业倦怠。信息支持包括提供关于工作任务、职业发展、问题解决等方面的信息。在团队中，成员之间的信息分享有助于个体更好地理解工作环境，获取应对问题的知识和技能。这种信息支持有助于提高工作效能，减轻职业倦怠。

实质性支持包括为成员提供物质上的帮助，解决实际工作和生活中的问题。团队中的成员可以通过共享资源、分担工作负担等方式提供实质性支持，帮助个体更好地应对挑战，从而降低职业倦怠的风险。团队支持有助于培养团队认同感，使成员更加融入团队的文化和价值观中。团队认同感可以降低员工的孤独感，增强归属感，从而提升工作满意度，减轻职业倦怠的压力。

（三）资源分享对职业倦怠的理论基础

社会交换理论认为，组织成员之间的资源分享和互助形成了一种社会交换关系，个体通过分享资源获取其他成员的支持和帮助。在这种交换中，个体感到被重视和关心，从而减轻了工作带来的负担，降低了职业倦怠的程度。资源依赖理论强调个体在组织中的资源获取与其在组织中的地位和关系密切相关。通过分享资源，个体能够建立更多的资源依赖关系，提高在组织中的地位。这种资源依赖关系有助于减轻工作压力，促进个体的职业发展，从而缓解职业倦怠。

（四）资源分享对职业倦怠的实践效果

信息资源的分享包括工作中的经验、知识和技能。在团队中，成员之间通过分享这些信息资源，可以提高整个团队的绩效水平，减少个体在工作中的迷茫感，缓解职业倦怠的症状。物质资源的分享涉及在工作中共享设备、技术支持等物质方面的资源。通过物质资源的分享，团队成员能够更好地应对工作中的挑战，降低工作压力，提高工作效率，从而减轻职业倦怠。

人际关系资源的分享包括在工作中建立良好的人际关系网络，通过人脉关系获取支持和帮助。共享人际关系资源有助于缓解工作中的紧张氛围，提供情感上的支持，减轻职业倦怠的心理压力。时间资源的分享涉及在工作中的时间安排、任务分配等方面的资源。通过合理分享时间资源，避免过重的工作负担和紧张的工作时间，有助于提高工作效率，降低职业倦怠的风险。

（五）团队支持与资源分享的协同作用

团队支持与资源分享在缓解职业倦怠方面不是孤立存在的，它们之间存在协同作用，相互增强对个体的正面影响。团队支持和资源分享都能促进团队的凝聚力。成员在相互支持和资源共享的过程中建立了更加密切的联系，共同追求团队目标。团队凝聚力的提升有助于个体更好地适应工作环境，减轻职业倦怠的压力。

团队支持和资源分享都能提高个体的工作满意度。团队支持通过建立良好的人际关系和情感支持，资源分享通过提高工作效率和解决问题，在两者共同作用下，个体更容易获得工作的成就感和满足感，减轻职业倦怠的感受。团队支持和资源分享在降低工作压力方面具有协同效应。团队支持提供了情感上的安慰，资源分享提供了实质性的帮助，两者结合起来可以更有效地减轻工作压力，使个体更好地应对各种挑战，降低职业倦怠的程度。

（六）团队支持与资源分享的组织实践

组织可以制定团队支持政策，通过培训和活动促进团队成员之间的理解、关心和支持。建立定期的团队活动，增强团队凝聚力，提高成员之间的情感支持水平。组织可以建立资源共享平台，提供一个便捷的途径，让团队成员能够分享工作中的信息、物质、人际关系和时间等资源。通过建立这样的平台，可以促进资源的有效流动，提高工作效率。

组织领导在团队支持和资源分享中扮演着关键角色。组织可以通过领导力培训，引导领导更好地理解员工的需求，提供情感上的支持，并在资源分享方面起到引领作用，搭建资源共享的桥梁。通过倡导一种积极向上、相互关心的团队文化，组织可以促使团队成员更自觉地提供支持和分享资源。建立鼓励分享、互助的文化氛围，有助于形成更加健康的工作环境。

团队支持与资源分享作为缓解职业倦怠的有效手段，在理论和实践中都得到了充分的证实。团队支持通过情感支持、信息支持等方面提高个体的工作满意度，资源分享通过提供物质、人际关系、时间等多维度的帮助，减轻了工作压力，降低了职业倦怠的程度。在组织实践中，制定团队支持政策、建立资源共享平台、引导领导角色、建立团队文化等措施都有助于发挥团队支持与资源分享的积极作用。通过个体、团队和组织的共同努力，可以创造更为积极、健康的工作环境，减轻职业倦怠带来的负面影响。

第七章 新时代高校辅导员队伍的信息化与技术应用

第一节 信息化时代辅导员的新要求

一、信息化时代辅导员角色的变革

随着信息技术的迅猛发展，我们进入了信息化时代，这也给教育领域带来了深刻的变革。在高校教育中，辅导员作为学生发展的重要支持者，其角色也在信息化时代发生了巨大的变革。本书将深入探讨信息化时代辅导员角色的变革，包括背景、变革的驱动力、新角色定位、应对挑战等方面。

（一）信息化时代的背景

信息化时代，学生学习的环境发生了根本性的改变。数字化学习环境的兴起使得学生可以通过网络获取丰富的学习资源，进行在线学习和交流。这对辅导员提出了更高的要求，需要更好地适应这一数字化学习的新格局。社交媒体的普及和盛行使得信息传播更加迅速，学生之间的交流也更为便捷。辅导员需要了解并善于利用各类社交媒体平台，与学生建立更加紧密的联系[①]。

信息化时代注重数据的收集和分析，通过大数据技术，学校能够更全面地了解学生的学习情况和需求。辅导员需要学会利用数据进行个性化辅导，更好地满足学生的成长需求。

（二）变革的驱动力

信息化时代，学生的需求更加多样化，他们希望获得更个性化、定制化的服务。辅导员需要更灵活地应对不同学生的不同需求，更好地促进他们的成长和发展。信息技术的广泛应用提供了更多工具和途径，使得辅导员能够更便捷、高效地开展工作。从在线辅导到

---

① 杨玲. 新时期高校辅导员工作与队伍建设研究 [M]. 沈阳：万卷出版有限责任公司，2023:116.

电子档案管理，信息技术的发展使得辅导员有了更多可能性。

随着教育理念的更新，注重学生的全面发展和个性化发展已经成为共识。辅导员需要更积极地参与到学生成长的全过程中，关注他们的身心健康、职业发展等方面。

（三）新角色定位

在信息化时代，辅导员可以更深入地了解学生的兴趣、优势和发展方向，成为学业规划师。通过个性化的学业规划，帮助学生更好地选择课程、专业，规划未来的职业发展路径。信息化时代，数据分析成为决策的重要依据。辅导员需要培养自己的数据分析能力，通过分析学生的学习数据，提供更科学、精准的辅导建议。

辅导员在信息化时代可以更好地了解职业市场的需求，成为学生职业发展的导师。通过为学生提供实时的职业信息、培训机会等，帮助他们更好地适应未来职业的变化。社交媒体的盛行使得辅导员需要更好地运用这一平台，与学生建立更紧密的联系。成为网络社交专家，善于运用各类社交媒体平台进行信息传递和互动。

（四）应对挑战

辅导员需要不断提升自己的信息技术水平，熟练使用各类数字工具和平台。学习数据分析的基本方法，了解相关职业发展领域的最新动态，保持自己的专业素养。辅导员需要清晰自己在信息化时代的发展方向，明确自己的职业认同。积极参与各类培训和学术研究，不断提升自己的职业竞争力。在信息化时代，学生更加注重与辅导员之间的互动和信任。辅导员需要更加关注学生的个体差异，建立信任关系，确保学生能够真实地分享自己的需求和困扰。

信息化时代为辅导员的角色带来了新的挑战和机遇。随着学校信息化建设的深入推进，辅导员将更多地运用先进的技术手段，更好地服务于学生的成长和发展。在这一背景下，辅导员需要不断学习、更新自己的知识和技能，适应信息时代的发展趋势。在新的角色定位中，辅导员既是学业规划师，又是数据分析专家、职业发展导师和网络社交专家。这需要辅导员具备更全面的素养，包括对信息技术的熟练运用、对教育和职业领域的深刻理解，以及对学生心理和个性发展的敏感性。

同时，辅导员在信息化时代的角色变革也需要与学校管理层、教育部门等密切合作。学校需要为辅导员提供更多的培训和发展机会，支持其在信息技术和职业发展领域的专业提升。管理层需要制定相关政策，为辅导员提供更好的工作环境和资源支持。总体而言，信息化时代辅导员角色的变革是一项复杂而深刻的工程。辅导员需要不断调整自己的定位和角色，以更好地适应学生和教育环境的变化。在这一过程中，辅导员的专业素养、人际沟通能力和创新意识将成为能否成功的关键因素。通过共同努力，信息化时代辅导员将为学生提供更加全面、个性化的发展支持，推动教育事业不断发展。

二、新技术发展对辅导员工作的挑战

随着科技的迅速发展，新技术的应用已经深刻影响了各个领域，包括教育。在高校中，辅导员作为学生发展的关键支持者，新技术的引入给他们的工作带来了新的挑战。本书将深入探讨新技术发展对辅导员工作的挑战，包括背景、主要挑战、可能的解决方案等方面。

（一）背景

新技术，包括人工智能、大数据、虚拟现实等，已经在教育领域得到广泛应用。这些技术为教学、学习、管理等方面提供了更多可能性，但也对传统的辅导员工作模式提出了挑战。学生在新时代对于服务的需求更加多样化，他们希望通过先进的技术手段获得更个性化、实时化的支持。辅导员需要适应这一趋势，提供更为灵活和高效的服务。

新技术的出现也推动了教育理念的变革，注重个性化发展、以学生为中心的教育成为共识。辅导员需要与这一理念相适应，调整工作方式和服务模式。

（二）主要挑战

随着大数据的应用，辅导员可能会接触到更多学生的个人信息。数据隐私和安全成为一个亟待解决的问题，防止信息泄露、滥用等风险是挑战之一。对于一些传统培训较少的辅导员来说，掌握新技术的应用能力可能成为一项挑战。他们需要花费更多的时间和精力来学习和适应新的工具和平台。

虽然新技术可以为个性化服务提供更多支持，但实际操作中，要真正实现个性化服务仍然面临一定难度。辅导员需要更好地利用技术手段，解决个性化服务的实际问题。新技术的引入可能导致辅导员与学生面对面的互动减少，直接沟通的机会相对降低。这对于建立良好的师生关系和了解学生真实需求带来了一定的困扰。

（三）可能的解决方案

为了提升辅导员的技术应用能力，学校可以加强相关的技术培训。通过举办研讨会、培训班等形式，帮助辅导员更好地了解和掌握新技术。学校和相关机构需要建立完善的数据隐私保护机制，确保学生个人信息的安全。在技术应用中，辅导员需要遵循相关规定和道德准则，妥善处理学生数据。

学校可以与技术公司合作，开发定制化的辅导员工作支持系统。通过智能化的平台，实现对学生需求的精准识别和个性化服务方案的制定。尽管新技术可能减少面对面的互动机会，但辅导员可以通过创新方式保持与学生的沟通。例如，可以利用在线平台进行实时答疑、定期组织线上活动等，增加互动的频率。

（四）未来发展趋势

未来，随着人工智能技术的不断发展，辅导员可能会更多地依赖智能化辅助工具。这些工具可以通过大数据分析、智能推荐等功能，提供更为精准的学生发展建议。虚拟现实技术的应用将为辅导员提供更为直观、沉浸式的工作体验。通过虚拟现实技术，辅导员可以与学生进行更生动、实际的互动，促进更好的理解和支持。

区块链技术的透明性和去中心化特点，可以有效应对数据隐私和安全的问题。未来，辅导员的工作可能会更多地依赖于区块链技术，确保学生数据的隐私和安全。随着新技术的普及，辅导员的工作也需要更加注重对学生的教育与道德培养。辅导员可以通过线上教育课程、互动平台等形式，引导学生正确使用技术，注重信息伦理，培养正确的网络行为。

未来，数据驱动决策将更加普遍，但辅导员需要更加注重数据的科学性和合理性。学校可以建立更完善的数据分析团队，确保数据分析的结果对于辅导员的工作具有指导意义。新技术的发展对辅导员工作提出了挑战，但同时也为辅导员带来了更多的机遇。在适应新技术的过程中，辅导员需要注重提升自己的技术应用能力，同时保护好学生的数据隐私。建立合理的数据隐私保护机制、制定个性化服务方案、创新互动方式等措施可以有助于辅导员更好地应对挑战。

未来，随着人工智能、虚拟现实等新技术的不断发展，辅导员的角色将进一步演变。智能化辅助工具、虚拟现实技术、区块链技术的运用将成为未来发展的趋势。通过不断创新和适应，辅导员将更好地服务于学生的成长与发展，促进高等教育事业的健康发展。同时，辅导员也需要注重自身的职业发展，不断提升专业素养，迎接新时代的挑战。

第二节　教育技术与在线辅导的新时代实践

一、教育技术在辅导员工作中的应用

随着科技的飞速发展，教育技术在高等教育中的应用日益广泛。辅导员作为学校中关键的学生支持者，在新时代的教育环境中，也需要充分利用教育技术来提升工作效能，更好地服务学生的发展。本书将深入探讨教育技术在辅导员工作中的应用，包括背景、应用领域、优势与挑战等方面。

（一）背景

教育技术，包括在线教育、智能化工具、虚拟现实等，已经成为高等教育领域的一大趋势。这些技术的兴起不仅改变了传统教学方式，也对辅导员的工作提出了新的要求和机遇。学生在数字化时代成长，他们更习惯于通过在线平台获取信息、参与学习。教育技术的应用顺应了学生的学习习惯，为辅导员提供了更多与学生互动的途径[①]。

学生对于个性化发展的需求不断增加，而教育技术可以提供更为个性化的学习和发展支持。辅导员需要通过技术手段更精准地了解学生需求，提供有针对性的服务。

（二）应用领域

1.学业规划与导航

教育技术可以提供在线学业规划工具，帮助学生更清晰地了解专业方向、选课计划等，辅导员可以通过这些工具与学生共同制定学业规划。通过智能化导航系统，辅导员可以为学生提供更准确、个性化的导航服务，指导其在学业和职业发展中迈出更加坚实的步伐。

2.数据驱动个性化辅导

利用大数据分析，辅导员可以更全面地了解学生的学习情况、兴趣爱好、潜在问题等信息，为个性化辅导提供数据支持。基于学生数据的智能化推荐系统可以为辅导员提供个性化建议，包括课程选择、实习机会、职业规划等方面，更贴近学生的需求。

3.线上互动与咨询

通过在线互动平台，辅导员可以方便地与学生进行沟通、解答疑问，建立更加紧密的联系，满足学生随时随地获取支持的需求。借助虚拟咨询服务，辅导员可以通过视频、语音等方式进行在线咨询，为学生提供更为便捷和灵活的支持。

4.职业发展与实践

教育技术可以提供丰富的在线职业发展课程，帮助学生更好地了解职业市场、提升职业技能，辅导员可以引导学生选择适合自己发展的课程。通过虚拟实习体验，辅导员可以为学生提供更贴近实际的职业体验，帮助其更好地规划职业发展方向。

（三）优势与挑战

教育技术的应用使得辅导员能够更好地满足学生个性化的学业和发展需求，提供更贴心、精准的服务。通过在线平台，辅导员可以实现更高效的学生管理和服务，节省时间和资源，使得工作效率得到提升。教育技术的应用使得辅导员的服务不再受到时间和地点的

---

① 杨玲. 新时期高校辅导员工作与队伍建设研究 [M]. 沈阳：万卷出版有限责任公司，2023:125.

限制，能够更灵活地满足学生的需求，扩大服务的覆盖面[①]。

辅导员需要具备一定的技术应用能力，包括掌握各类在线工具、了解数据分析方法等，这对一些传统背景的辅导员来说可能是一项挑战。随着教育技术的发展，辅导员需要处理与学生相关的大量数据。因此，数据隐私和安全问题成为一个重要的挑战。确保学生个人信息的保密性和安全性是教育技术应用中不可忽视的问题。教育技术不断更新和演进，辅导员需要不断学习和适应新的工具和平台。这对于一些技术水平相对较低或经验有限的辅导员来说可能带来一定困扰。虽然教育技术提供了在线互动的方式，但也可能导致辅导员与学生面对面的互动减少。建立真实的、深入的关系可能变得更加具有挑战性。

（四）未来发展趋势

未来，随着人工智能技术的不断发展，智能化辅助工具将成为辅导员工作的得力助手。这些工具可以通过大数据分析、智能推荐等功能，提供更为精准的学生发展建议。虚拟现实技术的应用将为辅导员提供更为直观、沉浸式的工作体验。通过虚拟现实技术，辅导员可以与学生进行更生动、实际的互动，促进更好的理解和支持。

区块链技术的透明性和去中心化特点，可以有效应对数据隐私和安全的问题。未来，辅导员的工作可能会更多地依赖于区块链技术，确保学生数据的隐私和安全。为了弥补在线互动可能减少的缺陷，未来的发展可能会加强在线互动与咨询服务。通过更加智能化、便捷化的在线平台，辅导员与学生之间的沟通将更加顺畅。

教育技术在辅导员工作中的应用虽然带来了许多有利的影响，但是也面临一些挑战。辅导员需要充分认识到教育技术的重要性，不断提升自己的技术水平和适应能力。同时，学校和相关机构也需要提供支持，为辅导员提供培训、更新设备和保障数据安全。

未来，随着技术的不断发展，教育技术在辅导员工作中的应用将变得更加智能、便捷和个性化。辅导员需要不断学习和创新，将教育技术与自身的专业知识相结合，更好地服务于学生的成长与发展。通过共同努力，教育技术将成为提升高等教育质量和效益的有力工具。

二、在线辅导模式的创新与实践

随着科技的不断发展，互联网技术在教育领域的应用逐渐成熟，在线辅导模式也应运而生。在线辅导不仅突破了地域限制，使得学生可以随时随地获取学习支持，同时也为辅导员提供了更多灵活、个性化的服务机会。本书将深入探讨在线辅导模式的创新与实践，包括背景、创新点、实践经验以及未来发展趋势等方面。

---

① 罗华丽．高校思想政治理论课教师与辅导员队伍协同育人优化研究［M］．天津：天津人民出版社，2023:142.

（一）背景

随着互联网技术的普及，人们的学习方式和需求发生了改变。学生越来越习惯通过网络获取信息和进行学习，这促使在线辅导模式的兴起。传统的辅导模式存在地域限制，学生需要前往特定地点才能接受辅导服务。而在线辅导通过互联网的方式打破了这一限制，为学生提供了更为便捷的学习途径。学生对个性化学习的需求逐渐增加，传统的一对多辅导难以满足不同学生的差异化需求。在线辅导模式通过技术手段可以更好地实现个性化学习支持。

（二）创新点

1. 异地互动与云端资源

在线辅导模式引入实时互动工具，例如视频会议、在线白板等，使得学生和辅导员之间可以进行高效的面对面交流，解决学习中的问题。建立云端资源库，辅导员可以上传课程资料、习题解析等内容，学生可以随时随地访问，提高学习的灵活性和便捷性。

2. 智能化辅助工具

利用智能推荐系统，根据学生的学科水平、学习兴趣等因素，为学生推荐适合的学习材料和辅导内容，提高学习的效果。通过智能化辅助工具，辅导员可以根据学生的学习表现和需求，设计个性化的学习路径，帮助学生更好地理解和掌握知识。

3. 多元化服务模式

提供录播课程，学生可以在适合自己的时间进行学习，灵活安排学业，同时减轻了辅导员的时间压力。通过在线平台建立小组协作学习的机制，学生可以在团队中相互交流、讨论，促进学科知识的共同建构。

（三）实践经验

在实践中，辅导员需要接受在线教学和辅导的培训，提升其技术应用能力。学校可以提供相应的技术支持团队，解决在线教学过程中可能遇到的技术问题。鼓励学生参与在线辅导模式的建设和改进，收集学生的反馈意见，以更好地满足学生的需求。定期进行满意度调查和访谈，了解学生对在线辅导的看法，及时调整和改进服务质量。建立定期的评估机制，对在线辅导模式进行全面评估。通过数据分析、学生绩效等多维度评价，及时发现问题和不足，优化服务流程和教学内容。

在线辅导模式下，辅导员需要合理规划课程结构，保证在线学习的连贯性和系统性。设置适当的知识点、案例分析等，确保学生能够有序、深入地学习相关内容。

（四）未来发展趋势

未来，随着虚拟现实和增强现实技术的不断发展，这些技术将更多地应用于在线辅导中。通过虚拟实境的体验，学生可以更生动地参与学科实践，感受到更具体的学习场景，提高学习的趣味性和效果。未来，可以进一步强化在线学习社区的建设，为学生提供更多交流和合作的机会。通过在线平台，学生可以组建学习小组，共同解决问题、分享经验，促进彼此之间的学习共同体形成。

智能化辅导助手将成为未来在线辅导的重要组成部分。这些辅助工具可以通过自然语言处理、机器学习等技术，为学生提供更智能、个性化的学习支持。辅导员可以更专注于与学生的深入互动和指导。未来的在线辅导模式将更加深入地整合各类在线资源，包括优质教育视频、虚拟实验室、在线图书馆等。辅导员可以在课程中充分利用这些资源，为学生提供更为丰富的学习体验。

为了更好地满足学生和辅导员的需求，未来的发展趋势将更注重提升在线教学平台的用户体验。优化界面设计、提高系统稳定性、增加个性化设置等方面的改进将成为关键。在线辅导模式的创新与实践为教育领域带来了新的可能性。通过引入互联网技术、智能化辅助工具以及多元化服务模式，在线辅导模式为学生提供了更为便捷、个性化的学习体验。同时，辅导员也可以更灵活地进行教学和辅导，与学生建立更紧密的联系。

未来，随着技术的不断发展和教育需求的不断演变，在线辅导模式将继续创新。引入虚拟现实、智能化辅导助手等技术，以及提升用户体验、深度整合在线资源等方面的发展趋势，将进一步提升在线辅导的质量和效果。辅导员需要不断学习和适应这些新技术，积极参与创新实践，以更好地服务于学生的学习和发展。通过共同的努力，在线辅导模式将成为未来教育的重要组成部分，推动教育的全面发展。

第三节　数据分析与个性化辅导在新时代的创新

一、大数据在辅导员工作中的应用

随着大数据技术的不断发展，其在各个领域的应用也日益广泛。在教育领域，大数据为学校提供了丰富的数据资源，为辅导员的工作提供了更多可能性。本书将深入探讨大数据在辅导员工作中的应用，包括背景、应用领域、优势与挑战等方面。

（一）背景

大数据技术以其高效处理海量数据的能力而逐渐崛起。在教育领域，学校系统、学生学习行为等方面的数据不断积累，为大数据应用提供了基础。学校信息化建设使得学校内部产生了大量的数字化数据，包括学生成绩、选课记录、教学资源等。这些数据的积累为大数据分析提供了原始材料[①]。

学生对于个性化教育的需求日益提升，传统的通用性教育模式逐渐难以满足学生多样化的学习需求。大数据应用可以为辅导员提供更准确的个性化指导方案。

（二）应用领域

1.学业规划与导航

通过分析学生在不同学科上的学习表现和兴趣，大数据可以为辅导员提供学生的学科偏好，从而更好地进行学业规划。利用历史成绩和学习行为数据，大数据可以预测学生未来的学业发展，并提前发现可能的学业风险，及时进行干预。

2.个性化辅导与服务

通过大数据分析学生的学习历史和方式，辅导员可以为学生设计更符合其个性化需求的学习路径，提高学习效果。借助大数据技术，可以开发智能化辅导助手，为学生提供实时的学科建议、学习资源推荐等服务，提升学生的学习体验。

3.情感分析与心理健康支持

大数据可以通过分析学生的在线学习行为、作业表现等，了解学生的情感状态，提供更及时的心理健康支持。基于情感分析的结果，辅导员可以调整辅导策略，提供更符合学生情感需求的辅导服务，增强学生对辅导员的信任感。

4.就业指导与职业规划

通过大数据分析学生在校时的学科兴趣和职业市场的需求，辅导员可以为学生提供更准确的职业兴趣匹配建议，帮助其更好地规划职业发展。大数据分析可以帮助辅导员更准确地了解就业市场的趋势和需求，为学生提供更符合实际的就业指导。

（三）优势与挑战

大数据分析可以更准确地了解每位学生的学科水平、兴趣爱好、学习方式等方面，为辅导员提供精准的个性化服务方案。大数据为决策提供了更多的依据，使辅导员能够更科学地制定学业规划、提供个性化辅导，以及优化教学服务。通过实时监测学生的学习行为，大数据可以提供实时反馈，使辅导员能够更及时地发现学业问题并进行干预，提高学生学业成绩。大数据分析有助于评估教学效果，发现教育过程中的问题并及时调整，从而提升整体教育质量。

大数据应用涉及大量个人学生数据，因此数据隐私和安全问题成为一个重要挑战。确保学生数据的安全性和隐私保护是必须重视的问题。辅导员可能需要掌握一定的大数据分

---

① 罗华丽．高校思想政治理论课教师与辅导员队伍协同育人优化研究［M］．天津：天津人民出版社，2023：141.

析技能，而一些辅导员可能缺乏相关的技术基础。为了更好地应用大数据，需要提供相应的培训和支持。大数据分析的准确性和质量受到原始数据的影响。如果学校的数据采集和记录存在问题，那么分析的结果可能不准确，影响辅导员的决策。不同学科领域的数据特征和需求可能存在差异，辅导员在使用大数据时需要考虑如何根据不同学科领域的特点进行个性化应用。

（四）未来发展趋势

未来，大数据与人工智能技术的结合将成为发展趋势之一。通过人工智能算法，能够更深入地挖掘学生的学习行为、兴趣特点，提供更为智能化的个性化服务。随着对数据隐私和安全的关注不断增加，未来大数据应用将更加注重数据治理和隐私保护。建立完善的数据管理机制，保障学生数据的安全和隐私。未来大数据应用的领域将进一步拓展，不仅局限于学业规划和辅导服务，还可以应用于学科研究、校园管理、教育评估等多个方面，为学校提供更全面的支持。

为了更好地发挥大数据在教育中的作用，未来需要加强教师和辅导员的培训，提高其对大数据分析工具和方法的熟练程度，使其更好地应用于实际工作中。大数据在辅导员工作中的应用为学生提供了更精准、个性化的学习服务，也为辅导员提供了更科学、数据驱动的工作手段。然而，应用大数据也面临一些挑战，包括数据隐私、技术基础和数据质量等方面的问题。

未来，随着大数据技术的不断发展和教育需求的不断演变，大数据在辅导员工作中的应用将进一步拓展，结合人工智能技术、加强数据治理和隐私保护、拓展应用领域等将成为发展的重要方向。通过不断努力解决挑战，大数据将为辅导员提供更多支持，推动教育领域的不断创新和进步。

二、个性化辅导模式的设计与实施

随着教育理念的不断发展和学生个体差异的日益凸显，传统的一刀切教学模式已经不能满足学生的多样化学习需求。个性化辅导模式应运而生，旨在根据每位学生的特点、兴趣和学习风格，提供定制化的教育服务。本书将深入探讨个性化辅导模式的设计与实施，包括设计原则、关键步骤、实施策略以及面临的挑战等方面。

（一）设计原则

个性化辅导模式的设计应以学生为中心，充分考虑每位学生的学科水平、学习兴趣、学习风格等个体差异。通过了解学生的需求，量身定制个性化的辅导计划，使学生在个性化的教育环境中能够更好地发展。设计个性化辅导模式时，应充分利用多元化的教学资源，包括数字化教材、在线学习平台、教育游戏等。通过提供多样性的学习材料，满足不同学生的学习风格和需求，提高学习的灵活性。

建立实时反馈机制是个性化辅导的关键。通过监测学生的学习进展，及时了解他们的困难和问题，以便及时调整辅导策略。实时反馈有助于个性化辅导的及时调整和优化。充分利用大数据技术，收集学生的学习数据、兴趣爱好、学科偏好等信息，为个性化辅导提供数据支持。通过分析这些数据，辅导员可以更好地了解学生，为其提供更有针对性的辅导服务。

（二）关键步骤

在设计个性化辅导模式之前，首先需要进行学生需求分析。通过调查问卷、面谈等方式收集学生的学科水平、学习习惯、兴趣爱好等信息，全面了解学生的个体差异。根据学生需求分析的结果，制订个性化学习计划。这包括确定学科重点、制定学习目标、选择教学资源等。个性化学习计划应该具体、可操作，能够满足学生的个体差异和学科需求。

整合各种教学资源，包括数字化教材、在线课程、教育应用等。确保学生能够根据个性化学习计划获得多样性的学习体验，提高学习的灵活性和趣味性。在实施阶段，辅导员需要根据个性化学习计划，采用灵活的教学方法，根据学生的学习进展和需求及时调整。同时，建立实时反馈机制，了解学生的学习情况，以便及时干预和支持。

个性化辅导模式需要不断评估和优化。通过定期的学生表现评估、教学效果分析等方式，发现问题并进行调整。持续评估有助于个性化辅导模式的不断完善和提升。

（三）实施策略

在实施个性化辅导模式之前，对辅导员进行培训是必不可少的。培训内容包括个性化教学理念、大数据分析方法、实时反馈机制等。确保辅导员具备适应个性化辅导的专业知识和技能。为了更好地支持个性化辅导的实施，建立技术支持系统是关键的一步。这包括建设在线学习平台、数据分析系统等，为辅导员提供必要的技术工具和支持。

个性化辅导模式需要得到教育部门的支持。推动教育部门提供必要的政策支持、资源保障和监督机制，确保个性化辅导在学校得到充分实施。家长是学生学习过程中的重要支持者，因此在实施个性化辅导模式时，与家长进行密切合作是重要的策略。通过定期沟通、家长会议等方式，与家长共同关注学生的学习情况，形成合力。

（四）面临的挑战

实施个性化辅导模式需要依赖先进的技术和设备，包括数字化教材、在线学习平台、数据分析系统等。缺乏这些技术和设备支持可能成为一个挑战，特别是在资源相对匮乏的学校或地区。在一些地区，教育资源的分配不均衡可能导致个性化辅导模式的实施难度。

一些学校可能无法提供足够的教育资源，使得学生无法享受到个性化辅导的好处。

个性化辅导模式可能需要学生和家长有较高的数字素养和对新型教学模式的认知。如果学生和家长对于个性化辅导的理解和接受程度不高，可能影响该模式的实施效果。在收集和分析学生个性化数据的过程中，数据隐私和安全是一个不容忽视的问题。保护学生个人信息，防止数据泄露和滥用，需要建立完善的隐私保护机制。

（五）未来发展趋势

随着教育科技的不断创新，未来将有更多先进的技术和工具应用于个性化辅导模式中，包括人工智能、虚拟现实、增强现实等，提升辅导的效果和体验。随着大数据技术的发展，将有更多学校能够充分利用大数据分析学生的学习行为和需求，为个性化辅导提供更为精准的数据支持。

未来，随着在线学习平台的不断发展，将更好地支持个性化辅导模式的实施。学生可以在线获取各种学习资源，辅导员可以更便捷地进行监控和调整。个性化辅导模式需要跨学科的合作，将教育学、心理学、计算机科学等领域的知识结合起来，形成更为完整的个性化辅导体系。

个性化辅导模式的设计与实施是教育领域的重要课题。通过以学生为中心、多元化教学资源、实时反馈机制和数据支持等设计原则，结合学生需求分析、个性化学习计划、教学资源整合、实施个性化辅导等关键步骤，可以推动个性化辅导模式的有效实施。

然而，个性化辅导模式在实施过程中也面临一些挑战，包括技术和设备支持、教育资源不均衡、学生和家长认知、数据隐私与安全等问题。未来，随着教育科技的创新和发展趋势的变化，个性化辅导模式将不断演进和完善，为学生提供更为个性化、灵活和高效的学习体验。

第四节　辅导员工作平台与应用软件在新时代的发展

一、工作平台的构建与功能优化

随着信息技术的不断发展，工作平台作为组织内部协作与信息管理的核心工具，扮演着至关重要的角色。设计和构建一个高效、智能的工作平台，并不仅仅是一个技术问题，更是组织内部协同工作和信息流动的优化与创新。本书将深入探讨工作平台的构建与功能优化，包括设计原则、关键步骤、实施策略以及未来发展趋势等方面。

（一）设计原则

工作平台的设计应以用户体验为首要原则。用户友好的界面、简洁明了的操作流程、符合用户习惯的功能布局，都是确保用户满意度的重要因素。构建工作平台时，应采用模块化设计，使得各个功能模块独立存在，易于维护和升级。同时，考虑到未来业务的扩展，平台应具备良好的可扩展性，能够快速适应组织的发展变化[①]。

工作平台涉及大量的组织内部信息，因此数据安全和隐私保护是不可忽视的设计原则。采用加密技术、权限控制机制等手段，确保敏感信息的安全性。充分利用人工智能技术，使工作平台能够实现更智能、自动化的功能。通过数据分析，为用户提供个性化的推荐和决策支持，提高工作效率。

（二）关键步骤

在构建工作平台之前，进行充分的需求分析是至关重要的。深入了解组织内部的工作流程、沟通方式、信息传递需求等，明确用户的实际需求。根据需求分析的结果，进行工作平台的架构设计。包括确定系统的整体结构、模块划分、数据流程等，确保平台具备较高的可用性和扩展性。

基于架构设计，进行具体功能的设计和开发。功能设计要符合用户需求，开发过程中要注重代码质量和性能优化，确保平台的稳定运行。在开发完成后，进行全面的测试，包括功能测试、性能测试、安全测试等。根据测试结果进行优化和修复，确保平台在实际使用中达到预期效果。

完成测试后，将工作平台上线并进行推广。同时，建立用户培训体系，确保用户能够熟练使用新平台，提高整体的接受度。

（三）实施策略

采用敏捷开发方法，将整个工作平台的构建过程划分为多个小周期，每个周期交付一个可用的功能模块。这有助于及时响应用户反馈，不断优化平台。在构建和优化过程中，积极引入用户参与。通过用户反馈、需求调研等方式，不断优化工作平台，确保其能够真正满足用户的实际需求。

借助数据分析技术，对工作平台的使用情况、性能数据进行监测和分析。通过数据驱动的方式，及时发现问题并进行迭代优化，保持平台的持续改进。在实施过程中，要重点考虑安全问题。建立完善的安全保障机制，包括数据备份、防火墙设置、定期安全审计等，确保工作平台不受到恶意攻击和数据泄露。

---

① 白金刚．新时代高校辅导员队伍专业化建设研究 [M]．沈阳：辽宁大学出版社，2022:152.

（四）面临的挑战

工作平台的构建可能涉及多种技术和系统的集成，技术选型和整合是一个严峻的挑战。选择合适的技术，并确保它们能够良好地集成，是一个需要仔细考虑的问题。引入新的工作平台可能需要用户改变原有的工作习惯，这可能引起一定的抵触情绪。因此，在实施过程中，需要做好变革管理，使用户更容易接受和适应新的平台。

工作平台的构建和功能优化可能需要一定的投入，成本控制是一个需要谨慎考虑的挑战。确保在构建和优化过程中合理分配资源，有效控制成本，避免超出预算。在实施工作平台时，需要考虑不同设备和操作系统的兼容性，以及未来的技术发展趋势。确保工作平台能够适应不同的工作环境和设备，提高灵活性和可持续性。

（五）未来发展趋势

未来工作平台的发展趋势之一是整合人工智能技术，实现智能化办公。通过智能推荐、自动化流程等方式，提高工作效率，减轻员工的日常操作负担。工作平台将更加注重融合协同办公和沟通工具，使得团队成员能够更方便地进行实时沟通、协同编辑，提高团队协同效率。

未来工作平台将更加移动化，支持多平台、多设备的无缝切换。员工可以随时随地通过移动设备访问工作平台，实现真正的移动办公。借助大数据分析技术，工作平台将能够更全面地收集和分析用户行为数据，为组织提供更精准的决策支持，推动业务智能化发展。

构建和优化工作平台是一个综合性的项目，既需要技术支持，也需要深刻的业务理解和用户需求把握。在设计原则上，用户体验优先、模块化与可扩展性、数据安全与隐私保护、智能化与数据驱动等是至关重要的方面。关键步骤中，需求分析、架构设计、功能设计与开发、测试与优化、上线与推广等环节都需要认真把握。实施策略上，采用敏捷开发方法、用户参与及反馈、数据分析与迭代、安全保障等策略是确保工作平台成功的关键。

面临的挑战包括技术选型与集成、用户习惯改变、成本控制、兼容性与适应性等方面，需要在项目的不同阶段综合考虑，灵活应对。未来发展趋势中，人工智能与智能化办公、融合协同办公与沟通工具、移动化办公、大数据分析与决策支持等方向将是工作平台发展的关键驱动力。

通过不断地优化与创新，工作平台将更好地满足组织内部的协作与信息管理需求，为员工提供更高效、智能的工作体验。在信息化时代，构建和优化工作平台已经不仅仅是一项技术任务，更是组织成功的重要组成部分。

二、应用软件在新时代辅导员工作中扮演的角色

新时代背景下，信息技术的飞速发展已经深刻改变了各行各业，教育领域也不例外。辅导员作为学校中负责学生生涯规划、心理辅导等工作的专业人士，应用软件的广泛运用为其工作提供了更为便捷和高效的手段。本书将深入探讨应用软件在新时代辅导员工作中的角色，包括在学生管理、心理辅导、信息传递等方面的具体应用和效果。

（一）学生信息管理

传统的学籍管理往往依赖于纸质档案，容易造成信息不及时、不便携的问题。而电子学籍系统的应用可以使学生信息更加集中、实时更新。辅导员通过这一系统可以方便地查询学生的个人信息、学业成绩、选课情况等，为学生的综合管理提供了便捷工具。学生档案是辅导员工作中的重要组成部分，而传统的档案管理方式可能效率较低。利用学生档案管理软件，辅导员可以更加高效地建立和维护学生档案，实现档案的电子化存储和检索，提高了档案管理的精准性和便捷性。

通过应用软件进行学生信息的统计与分析，辅导员可以更好地了解学生的整体情况，包括学科兴趣、成绩趋势、活动参与等方面。基于统计数据，辅导员可以更有针对性地制定个性化辅导计划，提高辅导工作的效果。

（二）心理辅导与咨询

随着社会压力的增加，学生心理健康问题日益突出，而在线心理咨询平台为辅导员提供了更广泛的服务渠道。通过应用软件，辅导员可以与学生进行在线沟通，提供实时的心理支持与咨询，解决学生在学业、情感等方面的问题。

应用软件中的心理测评工具可以帮助辅导员更全面地了解学生的心理状况。通过学生的自评或测评结果，辅导员可以识别潜在的心理问题，有针对性地进行心理辅导，提升学生的心理健康水平。

利用应用软件记录学生的心理健康信息，辅导员可以建立学生心理健康档案，实时掌握学生的心理变化。这有助于及时发现潜在问题，并进行有效的跟进工作，为学生提供更为持续和个性化的心理支持。

（三）信息传递与沟通

传统的通知方式可能受到时间和空间的限制，而通过应用软件发布通知和公告，可以实现信息的即时传递。辅导员可以通过这一工具向学生发布重要信息、活动通知等，提高信息的传递效率。辅导员工作通常需要与学生、家长、教职员工进行有效的沟通。在线会

议工具使得远程沟通成为可能，辅导员可以通过应用软件进行在线会议，解决问题、进行讨论，提高协同工作的效率[①]。

随着移动设备的普及，辅导员可以通过移动端应用更加灵活地进行工作。无论是随时随地查阅学生信息，还是通过手机进行在线咨询，移动端应用为辅导员提供了更为便捷的工作方式。

（四）个性化辅导与生涯规划

应用软件可以构建个性化辅导平台，根据学生的兴趣、优势和目标，提供定制化的辅导方案。通过智能化的推荐算法，辅导员可以为每位学生量身定制适合其发展需求的辅导计划。生涯规划是辅导员工作的重要组成部分，而应用软件的生涯规划工具可以为学生提供更系统、全面的生涯发展信息。辅导员可以利用这些工具帮助学生制定职业发展目标、了解不同行业的就业趋势，为其未来的职业发展提供有力的支持。

借助应用软件的数据分析功能，辅导员可以更深入地了解学生的学业表现、兴趣爱好、社会实践等方面的数据。通过对这些数据的分析，辅导员可以向学生提供更具体、个性化的建议，帮助其更好地规划未来的发展路径。

（五）挑战与应对策略

在使用应用软件时，隐私与安全问题是一个不可忽视的挑战。辅导员需要确保所使用的软件具有良好的隐私保护机制，采用加密技术、权限控制等手段，保障学生信息的安全。辅导员可能面临技术培训的问题，特别是对于一些年长的辅导员而言。为了提高应用软件的使用效率，学校可以开展定期的技术培训，提高辅导员的数字素养，提升其对应用软件的接受度。

引入应用软件需要一定的资源投入，包括软件购置费用、培训费用等。学校在决策引入软件时需要进行充分的成本效益分析，确保资源投入能够获得合理的回报。学生对于新工具的接受度和使用习惯也是一个挑战。辅导员在推广应用软件时，需要及时收集学生的反馈意见，了解其需求和使用体验，从而不断改进和优化软件，提高学生的满意度。

（六）未来发展趋势

未来，人工智能技术将更广泛地应用于辅导员工作中。智能辅导系统可以通过分析学生的学习行为和心理状况，提供更精准的个性化辅导建议，进一步提升辅导效果。虚拟现实技术的发展将为辅导员提供更多沉浸式的辅导体验。通过虚拟现实平台，辅导员可以模拟不同场景，帮助学生更好地面对各种挑战，提高实践性辅导的效果。

---

① 白金刚. 新时代高校辅导员队伍专业化建设研究 [M]. 沈阳：辽宁大学出版社，2022：130.

随着大数据分析技术的不断进步，未来辅导员可以更好地利用大数据，进行学生行为预测，提前发现学生可能面临的问题，实施更为前瞻性的辅导工作。区块链技术的应用将为学生学业认证提供更为安全、透明的方式。未来，学生的学业成绩、证书等信息可以通过区块链技术进行存储和验证，为学生提供更可靠的学业背书。

应用软件在新时代辅导员工作中的角色越发凸显，通过学生信息管理、心理辅导、信息传递、个性化辅导等多方面的应用，辅导员可以更高效、更个性化地开展工作。然而，面临的挑战也不可忽视，需要在隐私安全、技术培训、成本控制、学生反馈等方面采取相应的策略。

未来，随着人工智能、虚拟现实、大数据等技术的发展，辅导员的工作将更加智能化、创新化。这将为学生提供更全面、个性化的辅导服务，推动教育领域朝着更加人性化和科技化的方向发展。结合实际需求，借助先进技术手段，使应用软件将继续在新时代辅导员工作中扮演重要的角色。

参考文献

[1] 张兴雪，刘怀刚."互联网＋"时代高校辅导员队伍建设系统工程研究[M].北京：九州出版社,2022.

[2] 郑利群.高校辅导员队伍素质能力提升策略研究[M].秦皇岛：燕山大学出版社,2022.

[3] 柏杨.改革开放以来高校辅导员队伍建设研究[M].成都：西南交通大学出版社,2018.

[4] 毛建平."互联网＋"时代高校辅导员队伍建设研究[M].天津：天津科学技术出版社,2017.

[5] 贝静红.高校辅导员队伍专业化发展研究[M].武汉：武汉大学出版社,2016.

[6] 丘进，卢黎歌.机制·创新·长效：高校辅导员队伍建设研究[M].西安：西安交通大学出版社,2012.

[7] 杨玲.新时期高校辅导员工作与队伍建设研究[M].沈阳；万卷出版有限责任公司,2023.

[8] 罗华丽.高校思想政治理论课教师与辅导员队伍协同育人优化研究[M].天津：天津人民出版社,2023.

[9] 丰硕.高校辅导员队伍建设与工作制度发展研究[M].长春：吉林出版集团股份有限公司,2022.

[10] 白金刚.新时代高校辅导员队伍专业化建设研究[M].沈阳：辽宁大学出版社,2022.

[11] 陈蕾，时学梅，买买提江·依明.高校辅导员队伍建设与职业化发展[M].延吉：延边大学出版社,2021.

[12] 张凯.高校辅导员队伍建设与工作发展研究[M].延吉：延边大学出版社,2020.

[13] 林可全.高校辅导员队伍专业化建设[M].长沙：中南大学出版社,2018.

[14] 王传刚.新时代高校辅导员队伍建设与能力提升研究[M].北京：中国政法大学出版社,2019.